重建改革逻辑

顶尖经济学家建言中国经济未来

网易财经中心◎编

红旗出版社

目 录

CHONG JIAN GAI GE LUO JI

前　言

自2010年开始,“网易经济学家年会”已经成功举办了五届。这五年来，在年会论坛上听到最多的、最为响亮的就是呼吁改革的声音。我们一方面庆幸这些为改革奔走疾呼的经济学家还在坚守阵地，为中国改革提供知识和智力的支持；另一方面也在疑惑，为什么改革开放30多年了，谈起改革来还是这般的沉重和艰难。这是个盘根错节的问题，不光需要有人来解答为什么，还要解答应该怎么做。正是在这样的背景下，我们才一直保持着与国内外经济学家的良性互动，聚集经济学家，让他们针对现实经济中的各种问题提出个人观点和政策建议。

十八届三中全会之后，“改革”的话题重新回到主流语境。削减行政审批、设立自贸区、利率改革等举措表明，中国正在重建改革的逻辑。这个逻辑就是厘清政府边界，让市场起决定性作用，并且把权利还给市场主体。要完成这场必须的改革，就要去突破既得利益的障碍，解决社会经济领域的诸多问题。

此次，我们将2013年网易经济学家年会论坛内容精编成了《重建改革逻辑——顶尖经济学家建言中国经济未来》一书。书中，50多位经济学家、企业家们各抒己见、深刻思考，就如何探寻改革的红利、互联网金融如何创新、中国房地产到底有没有泡沫、民营企业是否能迎来黄金发展期等时下深水区改革的热点问题进行了全面探讨。

作为一个公众平台，我们特别希望能够为大家带去更多有理论深度的观点与评论，为推进改革发挥舆论引领作用。同时，我们也会继续寻求改革的答案，完成追求真相探索真知的使命。

赵 莹

网易副总裁、总编辑

2014 年 7 月 22 日

第一篇

探寻改革红利

TAN XUN GAI GE HONG LI

世界经济依旧在各国政府的调控中苦苦挣扎，而中国却决定重新拿起改革的利器。当下中国，转型与改革交融，破旧与立新并行，利益失衡突出，改革时不我待。新一届中国政府的改革和以往的改革有哪些传承和不同？硬骨头如何啃？壮士断腕如何断？如何站稳脚跟综合施策？中国，还有多少改革红利可以释放？

全面深化改革，进一步释放制度红利

厉以宁　北京大学光华管理学院名誉院长

破除“城乡二元结构”

当前我国正在进行城镇（市）化，城镇化面临的重要问题是，它不是单纯的一项建设，而是一场改革。为什么呢？因为中国的经济有它的特殊性。我们经常采用一个词叫作“二元结构”（或者“城乡二元结构”），这个用法是不妥当的。因为“二元结构”自古就有，但是，现今的中国实行的是“城乡二元体制”，或者说“城乡二元结构”已经制度化了。

举一个例子。比如说，清朝末年、民国初年，山东人移民到东北去，无论是通过水路还是陆路，到了东北那就是自由天地了。山东的农村人到了东北，可以在城里买房子、建工厂，可以开商店、当店员，而山东的城里人到了东北以后，他可以在农村买地、租地，可以搞农业，可以建房子。农村人在农村住久了，他愿意进城就进城，城里人在城里住久了，他愿意到农村就到农村。当时，生产要素“人”这个环节，是自由流动的，所以没有“城乡二元体制”，只有“城乡二元结构”。

什么时候开始有“城乡二元体制”的呢？1958 年新中国户籍制度建立，一分为二，城市户口、农村户口就定了。这种情况下，城乡的人口流动受到了极大的限制，因为有两种户口。我认为“城乡二元体制”是跟社会主义市场经济不相容的！既然要建设市场经济，那我们就应该破除“城乡二元体制”！城镇化主要的目的是“城乡一体化”。“城乡一体化”就包含了破除“城乡二元体制”，或者把破除“城乡二元体制”作为一个必经的阶段。

城镇化可以扩大投资，可以扩大消费，这都是大家知道的。“城乡一体化”最要紧的是，破除城乡不同的待遇、不同的权利，让城乡能够权利平等。这是最重要的制度红利，要释放出来。改革的过程就是释放制度红利的过程。

“户口的一元化”怎么个改法呢？根据中国的国情，中国户口的一元化改革，可以走双轨制。大城市走计分制的道路，其他的地方，包括小城镇在内，可以实行分区推进的办法。上海市是计分制的试点。为什么上海会是试点呢？因为上海的情况跟其他地方不一样。上海是一座制造业很发达的城市，长期以来，上海的制造业在全国是居于首位的。但是近 30 年以来，情况发生了变化。上海制造业的骨干工人如技工、班组长，甚至车间主任，已经不是上海居民的子弟了，变成外来务工人员了。这些外来务工人员进上海的时候，也许才 20 岁，如今也已四五十岁了。他们已经成为上海各大制造业工厂的技术骨干、管理骨干，但他们的家属融不进上海这座城市，他们的孩子不能在公立学校念书。这种情况之下，他们心里是不安的。江苏的南部、浙江，正在进行新一轮的制造业建设，要走新的制造业道路，他们技术工人不足、骨干力量不足，便到上海来挖。这种情况下，上海的老工人或者是中年以上的技术骨干，都会被他们许诺。许诺什么？你到我们这里来，我们给你解决城市户口问题，于是他们就想去，有些也真的去了，果然给解决了户口。这就给上海带来一个问题，若再不把这批骨干的外来务工人员给挽留住，上海的制造业将成为一个空架子。上海政府研究来研究去，最后搞出一个计分制。一个人的学历、经历、做过的贡献、发明创造，以及其他一些奖励，都可以折成分数，达到一定的标准可以马上拥有上海城市户口。即使这个人现在的分数还不够，企业也有了做工作的余地，先让这部分人能安心待下来。所以计分制是必要的，适合大城市。

那小城镇怎么办呢？中国有中国的特点，中国的最大特点就是地少人多。如今，中国城里的居住者没有城市户口，且在城市居住半年以上的大概占了一半多一点。按中国的国情，一般来说，学美国是行不通的，因为美国已达到百分之九十几的城镇化率。但我们可以学西欧，西欧的城镇化率大概在 80% 左右。假如再过一些年，中国达到 80% 的城镇化率，那 15 亿人口中就有 12 亿住城里。这意味着，在现有 6 亿多城市人口的基础上，还要再增加 5 亿多人。这怎么得了？5 亿多人进了现在的城市，土地够吗？淡水供应够吗？各种设备够吗？就业问题怎么解决？

所以，中国必须走适合中国国情的城镇化道路。符合中国国情的城镇化，等于老城区加新城区加新社区，多了一个新社区。老城区就是将现在的城市，经过棚户区拆迁，污染工厂的清理改迁等，改造成为适合人居住的居民区、商业区、服务区、文化教育区。新城区就是现在新建的工业园区、高新技术开发区、实验区、物流园区，等等。新城区也要有居民，不能净是工厂，民营企业要进驻，小微企业要发展，个体工商户要大量存在。城区到了夜晚 12 点都是热闹的，这样既解决了就业问题，又丰富了人们的生活，而且有人气了。

但中国的特色在第三点，新社区。我国现在已经建设了一些新农村。这些新农村怎么建设？只建一些居民楼是不够的！第一，要园林化；第二，要走绿色经济道路；第三，公共服务要到位；第四，社会保障方面，城乡要趋于同样的标准。这样的话，新农村就可改为新社区了。新社区是中国式城镇化的一个点，它们就是未来的新小城镇。当然，这些地方就不能采取计分制，要分区推进。这个区成熟了，全盘改，那个区成熟了，再全盘改。这样中国城镇化的红利，就大大地激发出来了。

建立混合所有制

十八届三中全会在经济方面，主要有两个重大的突破。一个突破就是，“市场调节在资源配置中起决定性作用”。过去只提“市场调节是基础性调节”，现在提“决定性的作用”，一切按市场规律办事。这就能够促使效率最大化，而且减少了政府的直接干预，就减少了贪污腐败的根源。

另一个重要的突破，就是发展混合所有制经济，这是我们基本经济制度的重要实现形式。国有企业应该门户开放，领域准入，允许更多的民间资本进入，并且改为混合所有制。要鼓励民营企业去参股国有企业，甚至控股混合所有制企业。这样，也是一种变革。还有一个方式就是，有条件的企业陆续建立，或者是发展职工持股制度，这就走向了混合所有制经济。只有职工持股了，企业才能变革。这跟中国的国有企业的改革方向是一致的。

国有企业改革分两步走

中国国有企业改革是两个层次的改革。作为高层次的，是资本配置体制的改革，因为国有企业的重要问题在资源的配置上。在改革的过程中，一定要让每种资本能充分发挥它的效率。长期以来人们惯用“生产效率”，第二次世界大战以后，西方经济界逐渐重视资源配置效率。资源配置效率是什么呢？假定投入是既定的，A 方配置资源有 N 的效率，B 方配置资源有 N + 1 的效率，这样的话，B 方拿到资源能够得到更加有效地配置。于是资本市场的地位、产权交易平台，以及兼并重组就重要了。这对国有企业的改革是有启发的。国资委要管资本，不要去管企业！那么，国有企业的改革，怎么改？国有企业有自己的法人治理结构，有完善的股东会、董事会、监事会，聘任了总经理，这些都在起作用。插手管它，不是把法人治理结构置于一边了吗？行政干预企业不如法人治理结构治理企业。

国资委该管什么呢？就管资本的进进出出。短期的部门、新兴的产业，需要加强投资，国有资本可以进入。如果产能过剩了，效益不好，国有资本可以撤出来，这样国有资本就用活了。把国有资本用到最有用的地方去，让企业成为独立经营主体。

讲一个故事来举例，《水浒传》当中写到林冲发配到沧州，路上经过了柴大官人柴进的庄上，柴进就留他住下了。庄上有一个教头姓洪，洪教头趾高气扬、瞧不起人。人家说这是东京八十万禁军教头——豹子头林冲。他说，管他什么，现在混饭吃的教头太多了，他有本事敢跟我比吗？林冲不愿意比。林冲越不愿意比，这洪教头就越趾高气扬。柴进都看不过去了，就说这位洪教头最近才到庄上来。意思是说，他刚来跟我没什么深交情，你就跟他比试一下。林冲就跟他比，但林冲打了一两个回合就不打了，认输了。还没施展武艺，林冲怎么认输了？他说，我还带着枷，怎么好施展武艺，于是洪教头请两个公人把他枷解开了。一解开枷，林冲几棍子就把洪教头打翻在地，洪教头满面羞惭、离庄而去。有些国有企业为什么搞不好？因为它们也是带枷的。枷没解掉，怎么施展武艺呢？所以说，国有企业一定要改革。要让国有企业按法人治理结构来治理，走独立市场主体的道路，这也就释放了更多的制度红利。

这两个例子就说明了，我们的制度红利还是有很多的。

建立和谐社会是最大制度红利

进一步讲，发展方式的转变，同样是释放制度红利。很多国家在工业化、现代化过程中，不断地调整发展方式，建立新的发展方式，这个制度红利其他国家也有。但对我们来说，最大的制度红利，是社会和谐红利。社会和谐红利，就是社会一定要建设成和谐的社会，这样的氛围下，每人都有自己的积极性，有自己的一些想法。从发展经济学来说，归结为四句话：第一句话，就业是靠就业扩大的；第二句话，富裕是靠富裕带动的；第三句话，繁荣是靠繁荣支撑的；第四句话，和谐是靠和谐积累的。只有社会和谐红利被释放出来，我们国家才能成为工业大国、工业强国、创新大国，才能成为社会和谐的范例。

圆桌对话：从调控走向改革

高尚全 中国经济体制改革研究会名誉会长

余永定 中国社会科学院学部委员

胡祖六 春华资本集团创始人兼董事长

姚 洋 北京大学国家发展研究院院长

嘉宾主持姚长盛 北京电视台主持人

嘉宾主持姚长盛：我们首先要问几位嘉宾一句话，大家简单地判断一下或者用一句话来形容 2013 年的中国经济或世界经济。

高尚全：我认为是八个字：面对挑战、稳中有进。

余永定：我就四个字，稳中有进。

胡祖六：我没有这两位言简意赅。具体来说，中国避免了硬着陆，汲取了改革的动能。

嘉宾主持姚长盛：姚先生怎么判断？

姚洋：要我说，2013 年当然是紧张等待，大家都等着十八届三中全会的方案。

嘉宾主持姚长盛：我们每次都希望能够“小而知大”，从微观开始，得出宏观的结论。如果从四位国内著名的学者的角度看，从2008年开始，政府的宏观调控在不断地加大、表示出强势的姿态，到2013年十八届三中全会的召开，似乎市场地位突然间被放到了调控之前，这是一种什么样的逻辑？

宏观调控并不是市场经济的前提条件

高尚全：宏观调控跟市场化改革是不矛盾的。第一，建立社会主义市场经济体制的一个重要目标就是要建立宏观调控体系。什么叫社会主义市场经济体制呢？过去十四届三中全会有一个表述是，“在国家宏观调控下，市场在资源配置中起基础性作用”。这个表述我觉得不科学。在十六届三中全会时，我就提出这个表述应当完善、修改一下。因为这样表述的话，宏观调控就变成了一个前提条件，而这不是市场经济的重要内容。

第二，市场经济发挥作用，主要是靠市场而不是靠政府，如果是在政府宏观调控的条件下，则是靠政府。

第三，政府是在市场的基础上发挥作用，而不是先发挥政府的作用然后再发挥市场的作用。

第四，宏观调控的内容主要是靠经济手段、法律手段和必要的行政手段，不是主要靠行政手段。

第五，国务院要搞宏观调控，但省市甚至于以下各级政府都搞宏观调控，大家都来调控不是乱套了？2003年4月，在起草小组的一次大会上，我提出了修改表述的意见，当时，温家宝同志是起草小组的组长，他觉得我的意见对，所以十四届三中全会时就改了，改成“更大程度上发挥市场的基础性作用”，没有再说“国家宏观调控下”。到了十八大以后，又进了一步，变成“更大程度、更广范围发挥市场的基础性作用”。十八届三中全会时又进了一步，“市场在资源配置中起决定性作用”。从基础性作用到决定性作用，这是一个质的提高，是理论上的创新，是改革的重大成果。

习近平总书记讲过，市场经济就是市场配置资源的经济。我认为这讲到本质上了。改革开放以来我们实现了五大转变，第一，从以阶级斗争为纲走向以经济建设为中心。第二，从计划经济转向社会主义市场经济。第三，从贫困落后到了初步进入小康。第四，从封闭、半封闭转向全方位的开放。第五，从人治走向法治。这些方向的提出是了不起的，但这些转变没有完成还应该继续走下去。

什么是社会主义市场经济？关于这个问题向来是有争论的，一种理解认为社会主义条件下的市场经济，市场经济的一般规律、价值规律、竞争规律都必须要遵循，不同的只在于是在社会主义条件下。另外一种理解是，社会主义的市场经济可以不遵循价值规律。因为定位没有统一，也就没有正确的认识。所以，十八届三中全会的决定，习近平同志的讲话真正回归到市场经济的本质。

1993 年《中共中央关于建立社会主义市场经济体制若干问题的决定》发表之后，我在人民出版社出了一本书叫《中国经济制度的创新——从计划经济走向市场经济》。在书中，我认为社会主义市场经济，市场经济是一般，社会主义条件是特殊；要处理好一般和特殊的关系，我们不能强调特殊来否定一般，因为否定一般就是否定市场经济的一般规律，否定经济规律，那是绝对不行的。

凡是人类创造的反映社会化大生产的规律我们必须要借鉴和学习。

首先要把人类的文明成果拿过来，然后根据中国的情况来借鉴和应用，如此就把人类的共同规律借鉴过来了。

十八届三中全会上，我们给予社会主义市场经济一个正确的定位，我想可能以后对此的争论就少了，或者不争论了，这对于我们完善社会主义市场经济体制，实现我们两个目标，实现我们中华民族伟大的复兴，都有重大的意义。

只有先完善市场体系，才能正确配置资源

嘉宾主持姚长盛：谢谢高先生对十八届三中全会公报的解读。接下来我想问问余永定先生，您又是如何解读公报的？

余永定：我觉得你们的主题“从调控走向改革”有一点问题，这样好像分成了两个阶段，前一段搞调控，以后要搞改革。其实调控一直不间断在进行，结构调整也一直在不断地进行。我们现在有三件事情，一件是宏观调控，这是属于短期的，一件是结构调整，第三件事是经济体制改革。这三者是同时进行的，有时候某一个问题突出一些，但这三件事是相互作用齐头并进的，不能割裂开来。

嘉宾主持姚长盛：可能是不同阶段的侧重不同。

余永定：十八届三中全会的公报主要讲的是经济体制改革，而之前往届的三中全会主要是谈改革，没有太多谈宏观调控问题，也没有谈结构调整的问题，我觉得这是一种习惯使然。十八届三中全会的公报出来之后，以后一系列关于结构调整、宏观调控的措施都会出来，我觉得公报里讲的“市场的决定性作用”是非常重要的。这里需要强调的是，市场决定这是我们的一个目标模式，但这有一些问题：我们有没有市场？我们的市场到底完善不完善？我们有了市场，但市场不完善。如果不解

决这些问题，就让市场来配置，这种配置是不合理的。所以，我们要针对市场的问题对市场进行改革，让它能够起到促进资源合理配置的作用，同时还要建立起我们没有的市场。中国的宏观调控碰到了一些问题，说明宏观调控体系有问题我们得加以改善。

所以，我要强调的是，宏观调控、结构调整、经济体制改革这三者要齐头并进，同时要相互促进。在经济体制改革的目标下，只有健全和完善了市场体系，市场体系才能发挥正确的资源配置作用。

只有改革才能完善市场经济

嘉宾主持姚长盛：所有人都解读到市场在起决定性的作用，抓住最重要的一句话，可以把所有的东西都解读出来。不知道胡祖六先生2013年的心情变得如何？

胡祖六：2012年我心情很沉重，忧心忡忡，对中国经济的前景特别是中长期的前景感到非常担忧；2013年我看到了很多希望。

针对我们讨论的主题——从调控到改革，我认为，第一，宏观调控跟市场化的改革是相辅相成的，并不冲突。第二，其实我们一直都是有调控的，但是根据经济周期的需要，一直要改革。问题是，从2008年全球金融危机以来，我们所做的宏观调控，从理念、政策的工具、手段方面是大有问题的。因为我们的理念不是尊重市场规律，并维持在一个更加开放、透明、有竞争性的市场体系下来进行调控的，而是通过利用政府的行政力量来进一步强化对市场的过度干预。效果非常不理想，越调越乱，内部经济失衡与对外失衡问题越来越严重了，扭曲了资源的分配、压抑了竞争，导致了国进民退。解决产能过剩，这本来是2008年宏观调控的目标，调了五年之后，中国产能过剩的矛盾却空前加剧。不仅如此，包括收入差距的问题、就业的问题，以及对生态环境的破坏问题都在上一轮的宏观调控中变得更加严峻。这是一个非常沉痛的教训。

20 世纪 90 年代亚洲金融危机时，中国也做了宏观调控，也有刺激政策，包括财政刺激来抑制外部的负冲击对中国经济的负面影响，但那一轮调控是完全跟结构改革紧密相连的。通过亚洲金融危机我们推动了金融改革、国企改革包括对外开放，最后以进入世界贸易组织（WTO）作为一个很好的成果。所以我们要吸取教训，只做市场化的改革。十八届三中全会的决定突出了市场在配置资源中的决定性作用，重新理顺了政府与市场的关系，这令我非常受鼓舞。

中国 35 年的改革发展有很大的成就，我们还不是真正完善的市场经济，而是一个名副其实的转轨经济，只有改革才能释放中国经济不可限量的潜力，保证经济可持续发展。各种宏观调控的本来目标就是维持价格稳定、金融稳定，维持就业和经济的可持续成长，这个目标也更容易实现。

宏观调控与深化改革

嘉宾主持姚长盛：谈到宏观调控和市场配置的时候，我们都是说两者需要有平衡，不可能有完全的市场也不可能有完全的调控。调控的时候一定要态度正确。姚洋先生，承接胡祖六先生前面提到的话题，他在盼望着市场能够释放出更多的红利，对此您有什么样的判断？

姚洋：我还是接着刚才几位谈宏观调控和改革的关系。以前的调控都是政府直接出手做很多的事情，我们的政府调控的手段是比较单一的，它主要是以行政手段为主，而不像美国式的调控是间接性的调控。调控不可少，但是要通过间接的手段来调控，而不是像中国这样，政府下命令不让干这干那的这种调控。而往往，我们看到的调控是后者。从这个意义理解，我觉得调控和改革之间还真的是有矛盾的。我们能不能按照负面清单①来做，非禁即入，比如说金融市场上能不能做到这一点？这才是真正的能不能让市场发挥作用的东西。

刚才几位经济学家都说对十八届三中全会公报感到非常受鼓舞，我也有同感，我想如果真能把十八届三中全会提到的改革措施都做到了，2020 年中国经济会变成更加市场化的经济。但我也有一点担忧，公报里对政府的改革提得很少，甚至基本上没有提。政府怎么去改自己？怎么来约束自己？特别是地方政府。我们的地方政府不仅仅是一个管理部门，实际上还是经济体里的一个 player（选手），而在宏观调控中它又是一个调控方，这又怎么被约束？我觉得这是公报里没有说清楚的地方。所以我还是有一点担心，市场化改革是大方向，但一遇到具体的问题时我们就会发现，政府的作用和市场的作用需要清晰定位。

改革的成果要落实到人民收入的提高上

嘉宾主持姚长盛：今天中国的调控和改革，不是把它放在一个非此即彼的位置上，而是放在一个渐进的阶段中考量，中间还有权重的不同。但对于我们未来五年、十年、二十年的发展，每个人心里的期待至少是可以充分地调动起来了。我想问一下高尚全先生，在下一步发展的过程中，居民的收入能否和未来的发展保持匹配，这会不会是改革红利释放的非常重要的一项？

---

① 负面清单是一种管理模式，即经济领域的禁区以清单方式列明。政府规定哪些经济领域不开放，除了清单上的禁区，其他行业、领域和经济活动都许可。

高尚全： 改革是为了人民，改革得依靠人民，改革的成果必须由人民来分享。这是我们党的一贯主张。所以最后我们改革的成果要落实到人民收入的提高上。现在中央也提出来要“增加居民的财产性收入”。这次提出来的要素，包括技术、经营、资本等，把要素的活力迸发出来，让财富的源泉能够涌出来，这个过程是比较长的。增加居民的财产性收入，要把重点落在农民身上，因为社会奔小康的关键是农村奔小康，农民奔小康的关键是增加财产性收入。过去讨论的很多的是农民的私有财产，他的财产包括承包的土地、宅基地、房子，但却不能流动，不能变为资本，因此不能增加财产性的收入。所以，这次我们期望十八届三中全会能够真正地增加农民的财产性收入，使得农民的财产能够变成资本流动起来，能够增值。

取消计划生育，是否会带来巨大的人口红利

嘉宾主持姚长盛： 余先生，有人说“单独二胎”政策的出台其背后隐含的意义是中国的计划生育政策施行至今将近 30 年的时间，很可能人口红利的消耗已经接近于一个拐点了，对此，您的看法是？

余永定： 我不是人口问题专家，没有资格就这个问题做出专业判断。但是，我有一些感觉也不妨说出来供大家批评。实际上我跟我的夫人经常为这个问题吵架，我老担心中国人口增长速度会下降，根据很多研究数据表明我国的出生率已经很低了，有人说是 1.2%，有人说是 1.0%，官方说是 1.8%，1.8%是正常的，要是少于这个，中国人口就要减少了。观历史，一个国家的兴衰和这个国家的人口数量是密切相关的，古罗马帝国衰亡的一个很重要的原因是人口的减少。过去强大的蒙古帝国，现在哪里去了？中国是一个多民族的国家，人口的增长应该说

是非常重要的。所以将来中国会成什么样？这是我们应该忧虑的。

另一方面，到底是 1.8%、1.2%，还是 1.0%，我不是统计局的，也没有搞过调研，所以我不知道。但我有一个观点，计划生育政策要尽快地解除掉。从经济学这个角度来讲，中国的发展已经到这种程度了，文明程度已经这么高了，计划生育似乎是不需要了。

嘉宾主持姚长盛： 几乎在所有的论坛我们只要谈到这个话题，底下都是掌声，大家心里的期待是不要限制，让大家去生。这背后还有一个潜台词，“让你生，现在你愿意生吗？”在北京，生一个孩子，跟背负一座大山一样，会寸步难行的。但有人会毅然而然地扛起这座大山。

胡祖六： 我国的计划生育政策是非常有争议的政策，可以说计划生育就是我国最大的社会工程。政府通过行政权威强制性地把这么一套限制生育的政策贯彻到广大民众中，我想在全世界都是绝无仅有的。现在国家开始有更多的弹性，有一定的放松，我当然是非常支持的。但我的支持更多是出自道义和社会的角度。过去，我们贯彻计划生育政策时采取的手段太强制性了，导致了很多不幸的后果。从道义和社会性的角度来说，能够有所放松调整是非常有必要的。

但我也想很谨慎地说一句，不要夸大放松一胎化的生育政策对经济、人口红利的作用。中国经济发展到今天，进入到中等收入水平的时机，最重视的应该是人口的质量而不是数量，对人力资本进行投资，使人均生产率提高，让拥有高素质、有技能、受过良好教育的人能从事更加创新的、有效率的经济活动，这可能是推动中国经济发展可持续成长最大的关键。我们可以预见在十几、二十年后，机器人可以替代人的劳动，所以人口的数量不是中国经济发展的主要因素，质量才是。我认为要通过财政改革、户口改革、计划生育改革使社会资源提供更多的服务，尤其是在医疗和基本服务方面，使中华民族每个公民的身体素质、智力水平更加大幅度地提升，这点非常关键。

姚洋：我非常同意祖六的观点，计划生育政策早该有所松动，几十年的计划生育政策让大家的生育观念改变了，在短短的二三十年间，突然发现大家不愿意生孩子了。但另一方面我们也不要夸大人口对经济增长的影响，有人说我们的人口红利在消失，自己跟自己比是没有错的，2010 年已经达到了顶峰，然后下降，但跟其他国家相比，中国仍然是人力资源最丰富的国家之一，我们还是处在世界前列的。这点我们要谨记。

同时，我们的退休年龄是极其低的，这是极端浪费。现在 50 岁的女性可以退休，但基本上在城市中，女性的预期寿命大多可以超过 80 岁，她们领养老金的时间要超过工作的时间，这是不可持续的。现在有很多 50 岁的女性会活过 90 岁，关于退休年龄延迟的争论，大家几乎是一边倒地不同意，但这件事情是必须做的，而且做了之后，对我们改善劳动力供给是很有好处的。

我们也不要忽视了教育水平的提高。北京大学有一个调查，20 岁这个层级年轻人的受教育年限要比 50 岁这个层级的平均教育年限多 4.3 年，这是很大的差距，而且我们的教育水平还在提高。所以我对经济增长不是很担心的，理由就是我们可以推迟退休年龄，另一方面我们的教育水平一直在改善，这个会对我们的经济增长有很大的帮助。我想，至少在 2030 年之前不用担心人口数量的问题。

余永定：中国有一句古话，“不谋万世者，不足以谋一事；不谋全局者，不足以谋一域。”我们在谈人口问题的时候不是谈目前的情况。目前的经济增长，不代表未来几十年的经济增长情况，因为人口的问题不是一个短期的问题，所以我觉得我们在讨论这个问题的时候确实应该把长期的因素考虑进去。现在最大的问题是我们对实际情况不了解，好像地方政府债似的，到底有多少债我们不清楚，两种不同的关于人口问题的观念我认为都有道理，但我们不了解事实。所以我觉得政府有这个责任和义务告诉我们到底中国的出生率、人口结构等一系列的情况到底是什么样的。

能源低效使用，致雾霾横行

嘉宾主持姚长盛：霾这个字已经变成了天气预报里的常用字，现在大家都习惯了。有人说最起码可以由此判断出两点，第一是落后产能不得不淘汰，但淘汰的任务极其繁重；第二，经济发展模式必须要转变，但转变的道路无比艰难。所以我们想问，既要淘汰落后的产能，又要转变经济结构，这么困难的一件事情，我们从政府的公报中可以看到什么样的希望和曙光？

姚洋：环境问题的确是现在中国面临的很大的问题，从某些方面来说，环境和经济增长之间的的确确有一个此消彼长的关系。很多地方还是比较注重经济增长，把环境放在了一边。现在大家对环境的要求越来越高，所以各个地方政府也在做一些事情，中央已经下决心在河北省淘汰很多的落后产能，特别是要压缩钢铁的产能，这会带来一些改善。我想在未来的一些年里，中国的环境问题会有比较大的改善。因为经济发展有一定的规律，我们现在的环境污染主要是工业造成的。大家都知道2000年开始我们有一个重新振兴工业化的过程，这个过程经过十年的发展基本上已经达到了顶峰。这次的危机也是给我们一个契机让我们作出调整。

按照其他国家的经验来看，中国很快会达到制造业生产的顶峰，也就是制造业就业、制造业占GDP的比重都会达到顶峰然后开始下降，我估计顶峰会在 5 年左右达到。在那之后，显然我们的工业发展会减速，会更多地依赖服务业的发展，所以空气质量会相对来说好一些。

胡祖六：在正常的市场经济下，经济学家把环境问题当成是市场的失效，但在我国，雾霾这么严重更多是政府的失效。何以说起，首先，政府对资源价格的管制尤其是能源价格的管制，包括石油、天然气、煤炭、电价的管制导致了资源价格远远低于国际市场的价格。浪费了人员并过度消费，这是导致中国环境质量这么差的非常重要的原因。其次，在我们 2008 年调控的时候，鼓励买小排量私家车等措施，让中国一年之内就取代了美国成为了全球最大的汽车市场。我一直怀疑，政府通过减税去鼓励私家车大量普及是否很明智？

刚才姚洋说到雾霾的来源，跟重工业有关系，但其实污染有三个来源，第一是工业；第二是交通运输，因为现在汽车的拥有量越来越大，这种排放是非常大的；第三是建筑，这与这些年工业化、城市化有关。中国盖房子的面积是全世界绝无仅有的，我们几乎一年可以盖 100 个城市的建筑规模。建筑能源的消耗和排放，包括灰尘，是污染第三大主要来源。而我们调控的过程中，鼓励了低效率的重工业的发展。比如，2004 年我们针对钢铁业做了宏观调控，重点是抓钢铁产业的产能过剩，其中一个大手笔是把江苏一家民营企业给关掉了，那时候中国的钢铁产能不到 4 亿吨，到现在已经 10 亿吨了。行政主导的调控让产能过剩更严重。同样，这么多的建筑，国家应该有一个建筑节能的标准。政府为什么不用跟欧盟或者是美国最严格的标准来规范建筑节能？我觉得中国政府是完全有可能贯彻执行的，但没有做到。

环境的问题，当然有市场失效的原因，但在中国的环境下，更多是政府的失效，这也是我们改革，让资源价格更加市场化的原因。政府公共的投资，也要放到环境生态这些更重要的项目上，发展最现代化的公共城市交通。

2014年的中国经济

嘉宾主持姚长盛：胡先生用特别好的例子来解释我们的主题，环境问题可以看出来未来要如何来改革、政府如何来做调控。政府在环境的发展和资源定价方面是有相当多的余地和权力的。我们一直不知道霾造成的原因是什么，有人解释说是因为私家车，有人说是因为中国烹饪，还有工业排放的原因和煤的原因。我们来听听钢铁人自己说的中国落后产能的淘汰到了什么样的地步。过去在钢铁的产量上，全年的钢材生产排名世界第一的是中国，在这里不含河北钢铁集团；第二是河北钢铁集团；第三是美国。我觉得这是值得我们骄傲的一件事情，但也可以想见把河北产能调下来是很困难的一件事情，同样需要很大的勇气和决心。最后，我们需要几位经济学家为我们做2014年的经济研判，2014年中国经济会怎样、世界经济会怎样？

姚洋：我对中国经济是持乐观的态度，我估计中国经济增长率会超过7.5%，很多人会认为低于这个数，现在看来，户籍制度改革很快会出台，并能带动一些产业的发展，比如说房地产行业可能会有一些大的发展。所以我还是稍微偏乐观一些。

嘉宾主持姚长盛：超过7.5%，这是现在听到较乐观的，胡祖六先生呢？

胡祖六：我对2014年全球和中国经济的前景感到审慎乐观。美国现在有很多的改善，包括金融方面的一些重组，以及一些创新的潜力，都有很多好迹象在显示出来。欧洲这几年非常困难，还有很多的问题，但也有很多很好的迹象。比如，爱尔兰就成为了现在第一个从IMF、欧盟的金融援助中“毕业”的国家，他们做了很多痛苦的财税方面的改革，也开始有了稳定的迹象。日本的安倍经济学，他的三件事情中有两件已经提出来实施，迄今为止初步的成果还是不错的，下一步关键是能不能改革，如果改革好了，日本经济会有比较好的活力。对中国来说，2014年的经济目标不管是7%还是7.5%都是非常合理的区间，也都可以达到。但2014年对中国来说，关键不是短期的经济增长问题，更加应该关注的是十八届三中全会以后改革的元年，改革能不能真正大刀阔斧地往前推进，真正有实效，这是我们拭目以待的。

余永定：根据IMF的估计，2014年经济会比2013年略有好转。美国的经济形势根据美国大多数经济学家的预测可能是2.5%的增长，比2013年有比较大的改善。但美国长期的经济增长速度，大多数美国经济学家和美国的官方预测机构认为是2%左右。但总的来看，我认为世界经济的增长是处于增长恢复阶段，但力度不会特别强劲。欧洲2013年下半年的情况比我们原来预计得要好，2014年可能还会保持这种态势。但是，引起欧洲经济问题的实质性问题——欧债危机没有解决，我不认为欧洲2014年会有非常好的经济表现。日本的情况是头两支箭射出去了，取得了短期的效果，但还要看未来进一步的动作。根据我们过去的经验，一旦日本要增加消费税，在其决议执行之前，消费会推动经济增长，但一旦实行了，提前消费要减掉，所以可能经济增长速度又会下去。

中国经济我认为从潜力来讲应该是没有什么问题的，我同意他们的观点，但是我们面临许多需要解决的问题，如果我们解决得不好不排除会出现一些大问题。总体来讲，我对2014年经济还是比较乐观，但是相对来讲忧虑要多一些。

高尚全：我对2014年的期望落在提高效率和质量的基础上，不求过高的速度，如果有7%的速度就要提高效率和质量。

第二篇

互联网金融机遇与创新

HU LIAN WANG JIN RONG JI YU YU CHUANG XIN

互联网金融大潮汹涌，七寸之地，事关生死，但金融管制跟不上技术发展的步伐。一边是巨大的市场空间，一边是狭隘的陈规旧制。互联网金融能否冲破金融管制的藩篱？能否打破垄断，颠覆传统，给金融自由创出一片新天地？又能否反过来加速金融改革进程?

互联网金融长处多

蔡鄂生　中国银监会原副主席

互联网金融为什么在 2013 年被炒热了？我一直在琢磨这个事儿：是它发展到这个阶段了，还是它已经要进入一个什么状态了？然后被一些人打出来这个旗帜，并高举这个旗帜。

互联网时代本身给我们的生活方式带来了极大的变化。我私下开玩笑说，我们都成了手机、电脑的奴隶，早上起来一睁眼啥也不干，先把手机拿过来看看，它已经成为你生活当中很难离开的一样东西，这就说明，互联网给我们人类生活带来了极大的变化。

当互联网融入到金融以后，或者说当金融融入到互联网以后，它就可以给我国的金融改革，最主要的还是给金融需求的服务带来根本的变化。因为它虽然是金融业，但也是服务业，是为人服务的。

银行业的服务缺失是改革新契机

互联网上有一篇蔡凯龙写的文章《中美互联网金融冰火两重天》，

它从大的制度到具体的条件，包括人的生活方式和各个国家的差异性出发分析了互联网金融，我认为作者的分析是客观的。这方面的东西不管是正面的还是反面的，期望的或不期望的，它都要到实践当中去判断。

《中国共产党第十八届中央委员会第一次全体会议公报》（以下简称《公报》）出来的时候社会反应觉得“不解渴”，但《中共中央关于全面深化改革若干重大问题的决定》（以下简称《决定》）出来以后，大家很振奋，因为很多制度改革的基本方向性的东西，都提出来了。之后召开的经济工作会议，对于改革的步伐问题、怎么改的问题，又有一些我认为是很重要的提法——“要把改革立于调控之中”，而且要求在制定财政政策、货币政策和其他政策的时候，用改革的思维来指导。

再者，对于改革还有不同的表述，一个叫做“正确推进改革”，一个叫做“准确推进改革”，一个叫做“有序推进改革”，还有一个叫做“协调推进改革”，这应该是在总结了我们国家这么多年的发展经验提出来的。正确、准确、有序和协调，实际上在我们具体贯彻改革步伐上，以及贯彻十八届三中全会整体的顶层设计和路线图上是很关键的。因为我们的改革已经不是初期的、简单的简政放权，而是已经有很深入的推进，有了“深层次问题的出现”。深层次问题的出现，就意味着不是一个问题、两个问题，而是几个矛盾同时交织在一起。对这些交织在一起的问题，我们要积累经验。任何一个措施在发展过程中都会有问题，不可能实施的过程中一点儿问题都没有。所以，大家对于互联网金融比较有兴趣，或者说比较热衷，我觉得最大的渴望可能还是基于服务需求。

互联网金融与传统金融应在改革中实现共同发展

这几年大家都说中国的金融改革有了很大的推进，但也有很多不满意的地方，或者叫做“服务缺失”的地方。这方面喊的比较多的是中小企业，或者叫小微企业。由于服务的缺失造成了互联网金融这种新事物的进入，这里的“服务缺失”就是我们现在认定所谓银行的服务缺失，它确实存在。但银行在前几年支撑经济快速发展过程当中的作用，是不是又决定了它在这方面客观上会出现缺失？再加上 2008 年美国金融危机后，欧美的金融交易产品、创新产品不断增多，而投资者的欲望就是看利率、看价格，造成互联网金融的异军突起。

互联网金融呈现的特征是既能买东西，又能用剩下的钱获取收益，而且收益还不少。那它的收益从哪儿来呢？当然也要经营而来，所以它的下端也会遇到问题，而且还要回到市场上来。但对于发展来讲，互联网金融对于提高金融的服务水平和服务效率一定会有帮助。

现在银行也在利用互联网平台，只不过在现在这种制度框架下有人认为它还是一种垄断，或是半垄断。但随着市场的发展，这几年各类的金融活动实际上已经交织在一块儿了。

在不同位置机构上的功能服务，我觉得还是不要“替代”，要让投资者等广大金融需求者有更多的“选择”为好。刚才我提到的那篇文章中说，美国人的互联网金融之所以没有发展起来，有一个很大的原因，就是美国是借钱消费。美国人的现金没有沉淀，所以他们就出不了余额宝，我们是省吃俭用，买点好东西要便宜，还要剩点钱积累，因而像余额宝这类金融服务能够满足自己的一些要求。所以从服务的角度来讲，我认为互联网金融确实对金融领域改革有冲击，且有很大的长处，因为它的客户群很大，而且这种客户群，就是收入相对不是太高的人群。

再进一步讲，作为投资者，他的需求是什么？这类客户慢慢有钱以后，他的需求一定是要有高收益的。考虑到这类收益的需求，互联网金融产品会怎么发展，这个也是值得思考的。所以现在我们的国有银行也好，股份制银行也好，城商行也好，它们在这种浪潮冲击下，也在变，而且一直在变。所以我们的发展，还是要从平衡、综合、系统的角度来看。不同的人有不同的爱好，需要个性化、差异化，而不是简单的对立化。把不同层次的东西放在同一个平台上讨论，一定是各说各的，融不到一块儿，这就很难找出一个共同点。然而我们争论，就是为了寻求一个共同的认识，然后来推进改革。

改革走到今天，实属不容易。适应发展是需要一个过程的。回顾我们建国以后的历史，曾因为一个“急”字出了多少问题。为什么不能急？因为“急”和历史发展规律是不对应的。中国发展到现在这么强大，已经拥有这么大的经济规模，为什么还有这么多问题？毫无疑问，问题是伴随着发展应运而生的，任何发展都会有问题伴之而生。所以在我们每推进一个措施的过程中，都应该逐步地积累经验，使社会发展平衡。所以我的观点是，无论在电商的平台搞金融，还是银行通过网络提高金融服务，大家都要找到一个推进整体金融改革发展的一致的认识，要共同发展。

2013 年的经济工作会议里还讲了要提高直接金融的比例，这个话讲了有很长的时间。股市好的时候直接金融比例就高一点，股市不好的时候又低了，这也不能简单来看，它一定是有一个系统和制度性的问题。

对于金融的发展和制度建设，包括互联网金融现在所面临的问题，大家分析得很多，但如果没有法律的保护和制度框架的保护，这个发展就会有问题，甚至可能是无序的，如若在这种范围内思考问题，不大有利于我们整体的推进。所以十八届三中全会在制度层面上提出来，一定要加紧研究，需要改的法律一定要尽快地修订。因为法律本身就是进步，是一种文化水平的提高。

互联网金融有泡沫

陈志武　耶鲁大学管理学院金融学终身教授

我对互联网金融有非常革命性的判断，它有乐观的一面，也有不那么乐观的一面，具体来讲是什么意思呢？

最近某基金遇到了一些麻烦，投资五十万至数百万购买基金产品的客户，结果一年期满后利息没看到，本金也要不回，所以有些投资者从上海、重庆、天津跑到北京来维权。看了这次事件以后，我认为还有其他类似的事件，我在想，现在大家都非常热衷的“余额宝”会不会是下一个？如果余额宝是下一个的话，后果又会是什么样子？

互联网金融不可能取代传统金融

互联网金融在很多方面，改变了金融的交易范围、交易规模和参与交易的人数，在方方面面的确有很多革命性的影响，但从本质上，不管是传统金融还是互联网金融，金融交易的本质并不会改变，直接的跨期价值交换、金融交易是信用的交换，这些本质不会因为互联网的出现而发生根本的变化。过去我做对冲基金，自己创业做了十几年。这十几年的经历让我感受到，金融交易是信用交易。人们把自己辛辛苦苦赚来的钱委托给别人管理，不要说用互联网、没有见过面就可以做成交易，即使见过很多次面，谈过很多次，有很深的了解，也未必能够做成。这十几年经历给我最大的认识就是，信用交易是非常难的，所以在今天互联网越来越发达以后，如果认为今后所有的传统金融会消失，取而代之的是那些不需要见面的互联网金融，认为它可以完全替代以前的多种金融交易的话，我认为那是不可能的，这和人的本质以及现实是非常相关的。

所以我认为，互联网金融带来的最大的变化主要是交易的范围、交易的法制环境、交易的结果、交易的金额方面的变化。今天和过去几十年、几百年相比确实发生了很大的变化。历史上金融交易一般意义上是商品市场交易的范围，和今天就是很不一样的。我讲一个大家都很熟悉的例子。学习中国金融史的时候我们不可避免地都会了解到山西票号，实际上山西票号在很多教科书、历史书里都被捧得非常高，也确实非常重要，因为山西平遥在明末以后一直到清朝结束，做的贡献非常大。但话又说回来，以前交通运输和信息的限制，即使在我看来山西票号发挥了那么大的作用，但实际上它对中国社会、中国经济总体的渗透面、深度、力度是非常有限的。从一个很简单的角度来讲，山西平遥到湖南长沙，具体大概是 1700 公里，没有飞机也没有公路，你要把银子从平遥运到长沙，大概要花 11 天时间，当然我们可以说骑马速度会更快，一天跑 150 公里，我们简单做一个假设，假如你一天跑 150 公里，从平遥到广州是 2400 公里，按照同样的速度来算大概要花 16 天时间。我们可以根据这个去展开想象，以前的金融交易，票号也好，银钱也好，实际上它交易的范围会非常有限。没有交通工具，没有手机，没有互联网，所以金融交易的范围非常有限，人数和金额都会非常有限。由此带来另外一个话题，过去清朝的时候没有银监会，没有证监会，也没有中央银行，今天我们可能会说那个时候的中国太落后了，其实也不用做这种指责，下这种结论，因为在金融范围、参与交易的人数、交易金额都那么小、那么有限的时候，犯不着由中央政府监管。在近代，或者在中国过去一千年左右的历史中，清朝的负债比例是最低的，清朝两百多年每年上上下下朝廷年财产收入大概只有 GDP 的 2%～3%，和今天占 GDP 百分之三十几的财政税收的金额完全不是一个数量级的概念。从这个意义上来说，正因为以前的金融交易、商品交易的范围只有这么点儿，所以政府不会从里面征收这么多税。

如果我们跨国界来理解金融交易的范围，也可以了解今天发生了哪些变化。这里有三个不同的数字，这三个数字告诉我们，以前国与国之间的金融往来频率确实非常非常低。整个 16 世纪的100 年，从欧洲各个地方发往亚洲的商船的总数量大概是 770 只，也就是说那 100 年里，平均每年从欧洲到亚洲的商船数量是 7.7 只。17 世纪的100 年里则增加了很多，因为哥伦布发现了新大陆，特别是随着英国人开始展开海洋贸易，派出很多商船来到亚洲，那 100 年大概有 3161 只商船出海，平均下来一年也就是 31 只商船。大家可以想象到贸易量不可能太多。两地的金融与贸易往来一直到 17、18 世纪也都不是那么多的，整个 18 世纪 100 年从欧洲到亚洲来的商船数量是 6661 只，平均下来每年六十几只。

最后再举一个例子，来表明今天我们面对的互联网金融带来的世界，跟以前的世界有着多大的不同。1854 年，容闳从大学毕业以后，从纽约坐船回珠海，花了大概 160 天的时间，而今天从北京飞纽约只需要13 个小时，这样一来，市场的交易量，交易地理面积发生了很大的改变。

信息技术、交通运输技术的变化，对金融市场、资本市场带来的影响是非常大的。我也看到了很多文章，这里给大家看一组数据，纽约交易所每年的换手率在最近几十年发生了哪些变化。1970年的时候，在纽约上市的股票大概平均每五年换手一次，持有五年以后才卖掉；到了20世纪80年代末期，大概是每两年换手一次，到了近两年大概是每四个月换手一次。不只是中国大陆A股市场，也不只是有中国人参与的股票交易所的换手交易频率才非常高，其实今天的美国因为互联网带来了各种便利，在换手率这方面也发生了很大的变化。

互联网金融有泡沫，未来监管会更加严格

金融，到底因为互联网带来了哪些变化，大家很清楚，互联网使得金融的交易成本总体上来说大大降低了，这是第一大好处；第二大好处，交易的地理范围大大拓展，未来做的最好的互联网金融公司可以渗透的地理面积可以超过中国工商银行，也超过中国农业银行。我们都知道中国农业银行的网点是最多的，但互联网金融只要它的客户能够用手机上网，就可以交易，成为它的客户。互联网带来的变化也使得互联网金融公司的客户量大大增加。这些变化对监管的要求也带来了非常大的影响。虽然我总体上反对太多的监管，但正因为我刚才所提及的某基金公司，它让我们知道，不管是在中国，还是在任何其他国家，监管的哲学是，如果金融交易或其他交易涉及到的人数和社会的地理范围非常有限，那政府就不应该去监管，因为交易人数就那么几十人、几百人；但如果金融交易的人数上百万、千万甚至于亿的时候，一旦出现问题就变成了一个大的社会问题。在中国的语境之下，就是一个大的维稳的问题，参与交易人数的增加，监管的必要性也因此增加了。所以，互联网金融今后面对的监管会比传统的商业银行所要面对的更细更严，也许今天发展的机会还有一些，但遇到了几次问题以后，监管力度会大大加

强，由此带来的利润空间也会受到很大的压缩。这就是为什么今天互联网金融被热炒，有一定泡沫的原因，长久来看，以后的监管肯定会比现在的强度要强很多。

为什么互联网金融今天在中国这么热，而在美国基本没有看到像在中国的情况。我觉得至少有几个方面的原因：

第一，和中国整个金融市场不是很发达关系很大，尤其是投资渠道，受到的限制非常多。在投资渠道非常有限的情况之下，余额宝等其他的互联网金融产品，如果它们带来的收益比较高的话很容易受到很多人的追捧。

第二，到目前为止我们都很清楚，银行利息由于受到的管制太严而很低，而与此相对应的是那些理财产品的收益非常高。正规银行收益和理财产品利差那么巨大的情况之下，余额宝等互联网金融产品就有非常大的短期上涨的空间，但这一块，随着利率市场化进一步深化改革，特别是存款利率上限一旦去掉以后，这部分套利机会不久就会消失。

第三个更重要的原因是市场维护，不允许有过度的金融产品，由此产生的一个结果就是投资者没有存钱意识，风险定价严重错乱。在美国，除了看成倍的收益回报外，一般美国投资者都会看一下风险，但因为在中国政府提供保险，不同的产品看不出来风险谁高谁低，唯一看到的是收益回报率有多高，让互联网金融存在比较大的短期的套利空间。

从这些角度来讲，正因为随着中国的市场化改革，特别是十八届三中全会具体改革政策的深化，我觉得互联网金融的热潮会慢慢消散一些，当然这并不妨碍今天马云和其他创业者有非常好的发展机会，虽然我觉得这只是暂时的现象。

圆桌对话：互联网与金融自由

陈志武　耶鲁大学管理学院金融学终身教授

龚明华　中国银监会政策研究局副局长

张承惠　国务院发展研究中心金融所所长

单建保　中国光大银行副行长

黄益平　北京大学国家发展研究院副院长

唐　宁　宜信公司首席执行官

嘉宾主持贺力平　北京师范大学国际金融研究所所长

互联网金融的特征

嘉宾主持贺力平：关于互联网金融，我们请各位专家就一些重要的问题简明扼要地谈一下自己的见解。第一个问题非常简单，什么叫互联网金融，互联网金融的特点是什么，是不是有中国特色？

龚明华：关于互联网金融，可能不同的人有不同的定义。我觉得应该把它看成大视野下的一种新的金融形式。像电商这些互联网企业，它利用了电子商务、移动支付、社交网络等技术，获得了很多信息，开始介入金融业务，而传统的金融机构，也同样得益于互联网技术、移动通信技术来提供新的产品和服务、加强管理。所以我们应该从这样一个大的层面来理解互联网金融，而不仅仅把它看作是互联网企业介入金融业态所产生的一些新的事物。互联网金融的发展确实非常快，它满足了实体经济对网络化、对信息化的需求。我国到 2013 年 6 月份，网民统计数达到 5.9 亿人，电子商务入账 7.5 万亿元，互联网金融的发展很好地满足了这一部分新兴群体的需求，所以我想，它有非常好的发展前景。

它的特征有这么几个。第一普惠性。你只要能上网，能在线，就能够享受相应的金融服务，而我们传统的一些金融机构，因为网点、人员的限制，往往没有办法覆盖所有的群体，而是把更多精力放在高端客户的开发上。而互联网金融就有一种普惠的特征，可能更多还是草根金融、普惠金融，它能够解决很多小微企业、很多居民金融服务方面的需求。

第二个特征就是数字化。我们可以利用海量非结构化的数据，运用云计算，运用行为分析理论来分析客户的交易和消费习惯，来预测他的消费行为，来进行客户的准确定位，所以它可以帮助我们很好地进行市场营销、进行风险管控。

第三个特征是便利性。随着上网人群逐步的增加，随着互联网和移动通信技术的普及，我们能够很好地把现代信息技术发展的成果跟金融业的发展结合起来。

所以我想互联网金融是一个大概念，既包括互联网企业进入金融业，也包括传统金融业运用互联网技术、移动通信技术来改善金融服务，它具有普惠性、数字化和便利性的特点。

张承惠：在我看来，互联网金融就是在 IT（信息）技术发展的基础上产生的、在互联网平台之上进行金融商品定价、销售、交易以及相关金融风险管理的新型金融业态。中国发展互联网金融有着特殊的历史背景，其发展的速度之快、规模之大，即便是发达的国家也无法相比。我们 2012 年专门到美国做过一个 P2P[①]的调研，美国 P2P 公司，尽管它们起步很早，但远远没有中国这么火爆。这里面一个客观原因是，中国的金融领域在一定程度上存在着金融管制，我们现有的金融服务不能满足大量小微企业以及个人多种多样的金融服务需求，在这种情况下，我们的互联网金融有了快速发展，这是特定的中国历史发展阶段和特殊制度基础所造成的。

单建保：我个人认为互联网金融就是互联网技术和金融产业的结合，它最大的特点就是可以让大众更加快捷、方便、公平地享受各类金融服务。

黄益平：我觉得互联网金融就是一种金融活动，现在它作为一种特殊的形态，必须具备以下几个特色当中的一个：第一个是平台，或者我们说的移动终端；第二是大数据，用网上的或其他的数据来消除一部分传统金融的风险。

唐宁：我们理解的互联网金融就是互联网作为一种工具帮助金融服务覆盖面更广、交易成本更低、风险控制得更好。

---

① P2P金融指个人与个人间的小额借贷交易，一般需要借助电子商务专业网络平台帮助借贷双方确立借贷关系并完成相关交易手续。——编者注

银行网点不会消失

嘉宾主持贺力平：可能很多人都记得，互联网刚刚兴起的时候，还是在20世纪90年代末，比尔·盖茨曾经说过，银行要消亡，但十多年以后银行依旧没有消亡，在中国，银行业发展得越来越壮大。现在互联网金融的概念又在兴起，大家就很关心，金融业在中国发展的前景怎么样？在互联网金融的冲击下，金融业的功能和形态在发生什么变化，网点是否会消失？分业经营的边界是否变得更加模糊？利率市场化的进程会不会加快？

单建保：分业经营的界限是否会模糊，包括利率市场化的进程是不是会加速，我个人认为主要取决于监管机构、政府的一些态度和意愿，互联网金融的直接影响是有限的，我觉得应该对互联网金融采取一种顺应的趋势，合作共融。

黄益平：我觉得互联网金融是一股非常巨大的力量，而且对于中国来说是一个特别重要的机会。从产品周期的理论来看，互联网金融有可能让中国站到互联网产业最开始的出发点。

有人会问，为什么互联网金融在中国做得这么大。我觉得最重要的有两个原因，第一是人多，支付宝、微信，其实已经把几亿人紧紧粘在终端上，平台已经有了；第二个很重要的原因是，中国的金融体系虽然非常庞大，但这个金融体系服务的只是社会上的一部分企业、一部分人。现在我们看到的，无论是做第三方支付、小微贷款，还是居民理财的，其大部分客户都是传统的金融机构没有提供很好服务的客户，所以说这个机会是非常巨大的。至于这给我们带来了什么样的冲击，还需要以后再看，但到目前为止对中国金融三个方面的冲击是显而易见的。

第一是金融机构的民营化。过去中央一直发文件说要让民营资本进入垄断行业，但没有太多进展，现在一夜之间很多民营企业都已经变成金融公司了，连阿里巴巴都变成金融公司了。

第二是利率市场化。中国人民银行正在慢慢试验下一步怎样把利率放开来，而以余额宝为代表的互联网金融其利率完全是由市场决定的。

第三就是服务的平民化。一般来说，银行的客户都是有钱人，是大公司的老板；互联网的客户群是什么？是所谓的“屌丝”，但他们也实实在在从这里面得到了好处。

互联网金融能不能取代或者是使得现在的传统金融消亡，目前来看我认为还不太可能，更多的是一种互补。大数据的处理，在很大程度上帮助我们完成现在靠人来做的信息了解和数据处理，以及金融决策。金融当中最难控制的就是风险，降低风险，就是降低信息不对称性。过去是靠很多银行的分支行来了解客户，来做金融决策，如果大数据能够增加透明度，帮助企业，那么银行就不需要这么多分支行，不需要这么多员工，员工和分支行的价值会开始下降。

唐宁：一方面互联网作为渠道会推荐一些相对标准化，但比较简单、容易理解的产品，例如余额宝就是和市场基金对接的产品，即使如此还会有一些风险的担忧。如果是股票市场基金，或者是寿险等难度比较大的产品，很难通过互联网的方式直接被理财者购买。

另外一方面，传统金融有很多没有覆盖到的地方，但这并不是说它就有“错”。在中国过去的发展阶段，要求银行等金融机构向那些大机构倾斜资源，但随着转型的需要，随着发展阶段的变化，面对小微企业、三农这类需求，需要不同的理念、不同的金融结构去满足，互联网金融也顺应了这样一个改变。但是不是互联网只能顺应这样的改变，其实也不尽然，1997 年我去孟加拉国调研它的小额信贷情况时，发现它的小额信贷和互联网没有任何关系，所以我想互联网也只是一个工具，能够去更好地实现普惠，能够更好地把风险控制住，起到一定的增信的作用。

张承惠：我认为互联网金融的发展会对传统的金融体系，尤其是银行体系产生重大的冲击。在银行的存款方面，这种冲击已经显现，因为大量的消费者把资金转至各种各样的互联网金融商品上，会影响银行吸收存款的增长速度，甚至是其绝对速度。

从客户角度来说，目前还不构成对银行客户的正面冲击，因为互联网金融主要还是面向银行顾及不到的小微企业和个人，但随着互联网金融的发展以及其风险管控能力的提升和服务方式的进一步优化，会有一部分银行客户被互联网金融夺走，而且现在我们也看到有一部分 P2P 企业向P2C（生活服务平台）过渡，这样它服务的对象由个人开始转向企业，这从长远来说会产生重大的影响。

但我并不认为银行的网点就会消失。举一个很简单的例子，按照我们现在的 IT 技术，我们的金融家完全可以拿一两台笔记本电脑到海南岛去处理他的金融业务，但为什么我们还要建国际金融中心？为什么伦敦金融城、纽约华尔街聚集了那么多的金融家？是因为金融同样需要人与人的交流，需要人与人观点的沟通。

从消费者角度来说也是一样的。我们不能设想，所有的老百姓都离开了银行的网点，去拿着手机或用电脑做金融交易，我相信网点是不会消失的。

互联网金融与传统金融当下是互补状态

嘉宾主持贺力平：龚局长，您能从政策角度谈一谈互联网金融对一个行业提出的挑战以及该如何应对吗？

龚明华：互联网金融对传统银行的影响，既有正面的影响，同时也有一些挑战。银行本身也在积极应用互联网技术、移动通信技术来完善金融服务，改善管理。比如招商银行，1999年的时候它成立了网上银行，现在其电子交易的替代率达到了80%，少数分行已经达到了90%，它利用了互联网技术来降低交易成本。我们现在有个测算，如果我们到柜台去办理银行业务，成本大概是3.06元，如果通过ATM办的话，成本大概是0.83元，如果通过网上银行，大概只有0.49元，所以它会在很大程度上降低我们办理业务的成本，我想我们商业银行在这方面都做了很多工作，也可以看出互联网金融发展对我们银行正面的影响。

银行在努力适应着互联网技术的发展，同时加强风险管理和风险控制。比方说银行平时收集大量结构化及非结构化的数据，利用互联网技术提供全方位的客户信息，分析这些数据来预测客户的行为，进行客户的定位。

互联网金融当然也带来一些挑战。现在我们有200多家第三方购物公司，方便大家进行购物和消费，在一定程度上也分流了一些银行结算业务，同时互联网金融也在进行一些资本类的产品和代理销售，也是在一定程度上分流了银行代销基金产品、保险产品的客户。

这种情况下同时还可能产生金融脱媒的现象。从资金来源来讲，余额宝、百度理财，这些都在一定程度上会分流银行的业务；从信贷业务来讲，P2P公司自己进行了交易综合，承担信息的中介，分担了一些银行的信贷业务。

总体说来，互联网金融发展和银行的发展应该是并行不悖的，两者是互相补充、互相促进的关系。

陈志武：互联网给金融带来的积极影响非常多，特别是在普惠还有大数据处理这些方面。

事实上，政府的隐性担保使得银行业和金融业同质化非常严重，这样一来就带来另外一个结果——不管今天是马云，还是张三、王五、李四给我提供理财产品，只要我觉得这个产品不会亏损，那我就会接受，根本不会管是百度还是阿里巴巴、张三还是李四提供的，因为他们之间在我看来本来就没有太大的差别。只要中国金融行业对风险还继续是维稳态度，这样一来，确确实实是给传统的互联网企业提供了一些机会。中国消费者不会区分是谁，一样都是提供债务保障的金融产品，谁给我提供的收益稍微多一点，服务稍微方便一点，我就买谁的。一旦在互联网金融或其他金融领域真正出现风险事件，让更多人领教到不去区分、不根据风险高低来选择金融产品所带来的实质后果之后，人们才会开始变得有区分。但在出现更多风险、事件、教训之前，同质化竞争还会是主旋律，互联网金融的热度还会维持一段时间。

互联网金融的最好模式：开放平台＋移动终端

嘉宾主持贺力平：从实践的角度来看，互联网金融在中国国情的大环境下，是什么样的发展模式？还有，在新的经济到来之际，从金融机构的角度出发，其制胜的主要因素是什么？我特别想听听处于前线的专家——单行长怎么说。

单建保：其实互联网金融已经有些年头了，因为进入 21 世纪以来，互联网技术在金融产业方面做了很多的尝试、很多的努力，比如现在，基本所有的客户都会使用网银和手机银行。银行在互联网发展上也越来越谨慎，因为互联网发展肯定会削弱客户对银行的依赖性，具体到以后互联网金融应该采取什么样的模式，现在各大银行都有自己的动作，有几家银行已经推出了自己的金融开放平台。我个人认为最好的模式就是开放平台加移动终端，像阿里巴巴的开放平台，加上微信移动终端，这就是我个人认为最好的。

作为银行来讲，开放平台就是银行利用互联网技术最主要的体系了。银行通过整体的开放、客户端的开放、产品的开放就可以给客户提供很好的交易产品、交易平台。

互联网金融能够降低信用风险

唐宁：我想举一些例子说明互联网金融在客户的覆盖以及风控方面能够起到怎样的推动作用。

在中国农村，有几十家运作得不错的面向最贫困妇女的小额信贷组织，他们是非政府组织（NGO），通常每家组织只有一两百万、两三百万的资金，早年是由一些国内外的基金会提供的，他们在运作过程中，发现妇女对小额信贷的需求非常旺盛，但再往上做，他们觉得资金的瓶颈无法突破，就找各种各样的金融机构，但是金融机构由于种种原因，没有方法去帮助他们。

但现在借鉴美国一种 P2P 模式，在互联网上，一些爱心人士，用一百块钱就可以和西部贫困农村妇女对接。你可以自己选，你到底想帮助陕西种茶的农村妇女还是河北养猪的农村妇女，非常个性化，门槛非常低。她缺的钱也不多，就两三千元，过去依靠大机构的话不知道要等多长时间，但通过互联网的方式就有很广泛的参与，而且可以很个性化。同时它又是一个造血型的方式，借钱一年之后还回来，又可以继续帮助下一个人。所以过去机构做不了的事情，现在通过互联网金融P2P 的模式创新，个人可以去做，就大大丰富了普惠金融的资金来源。

与美国相比，中国的信用体系建设应该说是相当落后的，在美国，做 P2P 或其他一些互联网金融的业务，在很短的时间里就可以自美国个人征信局获取相关个人信息，但在中国，相关信息是不太存在的，有一些信息也不好获取，获取了也涉及大量反欺诈方面的工作要去做。我们面对这样的情况，还是要去把该做的信用信息获取、整理分析等工作做到位，与此同时也要利用互联网、移动互联网去发掘客户在虚拟体系之中的相关数据、相关信息，并与现实体系的信息配合，做到尽量丰富。所以我们想，通过互联网、移动互联网、大数据，可以使得金融的参与者更加广泛，可以解决过去未被覆盖的一些人群的直接需求，同时可以把信用风险控制的工作做好。

信用是核心，风险控制是核心，而互联网金融在其中是能够起到相当作用的。

比特币无法替代真实货币

嘉宾主持贺力平：互联网金融的发展过程当中产生了新的货币，以前我们把它叫做虚拟货币，但现在它也在一定范围内变成了实际的货币，比如比特币[①]，在这个问题上专家能不能发表一些看法，比如它有前途吗？尽管现在中国人民银行表态不正式承认，但同时也不限制它，它的市场前景会怎么样？从宏观的角度来看，它会不会对货币带来一些挑战？

黄益平：我觉得比特币的诞生从根本上来说是大众对信息货币体系

① 比特币是一种P2P形式的数字货币。一种用户自治的、全球通用的加密电子货币。——编者注

信任的下降。作为货币，势必就要面临靠什么信用来支持的问题。纸币是以国家的信用、中央银行的信用来支撑；黄金，以不可再生、不可取代来支撑。对于比特币来说，现在大家觉得它非常好，是因为它的数量是有限的，数量有限的好处就是可以防止通货膨胀，这正是我们现行货币体系最大的问题，但它同时伴随而来的是，它是一个通缩货币，通缩怎样支持经济增长呢？

第二个更重要的问题，比特币是虚拟货币，它的替代性到底有多高？它被其他的问题干扰的可能性有多大？这么看起来，我觉得我能理解它为什么发展，但从长期来看，它要想真正成为一个货币，还有很多自身的缺陷有待解决。当然，从另一个角度来说，还有一个很重要的相关因素是现今世界当中的货币体系能不能有效地改善，从而降低对虚拟货币的需求。

陈志武：货币发行了以后就要流通，流通的含义是走到哪里都被接收。比特币至少就目前来说，好像没有这个概念上非常基本的属性，还有比特币的匿名制度也比一般我们熟悉的货币要差很多，比如人民币，我们拿着一张钞票，它没有使用者的个人信息。你去非洲，用美元跟他交换东西，他是认可的，但拿比特币去，他不一定认可。从这个意义上来说，比特币想要取代我们熟悉的货币至少还有很久的时间。因为它的通货性、被接收的程度、匿名性都不够。

张承惠：作为真实的货币，它应该有几个最重要的职能，比如它是价值尺度，是支付手段，在这些功能的背后是大家的认可，大家都认可这个货币能够被储藏，能够作为交换的重要媒介，那么大家认可的基础又是什么呢？是信用。从这些特点上来看，比特币很难成为一个真实货币，但作为财富的某种代表倒是可行的。

如何对互联网金融进行风险监控

嘉宾主持贺力平：互联网发展已经深深地影响了银行，从银行监管的角度来看，是不是面临着一些挑战？

龚明华：互联网金融作为一种金融创新，同时也蕴含一些潜在的风险。大家应该都能够感受到，它在带来很多便利的同时，也带来客户资金的安全、信息的安全、系统的安全以及互联网金融合规风险等问题。我认为对互联网金融的监管应该要和互联网金融企业自身的风险管控、行业的自律有机结合起来，所以我们应该有三道防线，风险防控中，我们要很好地把守住这三道防线。

第一道防线是互联网金融企业自身的风险管理、风险管控。风险管控是金融企业的生命线，互联网金融的本质还是金融，互联网金融企业既然做金融业务，还是应该按照从事金融业务的制度、流程、机制来建设，特别要借鉴传统的金融机构在风险管控方面多年成熟规范的做法和经验。不能因为强调改善客户体验，就放松了风险管控。

第二道防线是行业的自律。金融作为一个行业，它应该有行规，有一些经营的底线是不能碰的。非法集资、非法吸收公众存款、挪用客户资金，这些都应该作为行业中不能碰的底线，在行业中应该倡导这样一个风气，加强行业自律。与此同时，加强信息共享，对一些不守信用的客户，我们应该有一个名单。

第三道防线是金融监管。我们应该按照实质重于形式的原则，尽管在线上作业，但互联网金融做的也是金融业务，还是应该适应线下监管规则的要求，根据业务分别接受银监会、证监会、保监会等监管机构的监管。

同时因为它作为一个新兴的产业，确实还有一些监管规则不完善的地方，甚至有一些监管的空白，我们需要对这些领域加强研究，让我们互联网金融在有效的监管、有效的规则约束下发展，这样可以更好地为广大金融消费者提供金融产品和服务。

张承惠：为什么要对一个行业进行监管，是因为这个行业的交易行为有可能损害公众的利益。大家可以看到，现今互联网金融已经出现了一定的风险，尽管最近这一个时期监管部门没有对互联网金融发布公开的意见，也没有发布什么文件，但我相信监管部门一定是非常关注这个领域的。

从我的角度来说，我认为对互联网金融要实行分类的监管，至少在现阶段，对一些享有国家信用的正规的金融机构所从事的一些互联网金融活动，监管部门是应该予以规范、予以监管的。当然也需要取消一些不必要的监管。对于不享有国家信用的互联网金融企业，我觉得国家应该监而不管，至少在这个行业发展的初期阶段应该监而不管。所谓“监”，就是要对这个行业的风险加以关注，要对这个行业的发展提出一些发展的原则、发展的方向。一些基础设施也需要加快进行，比如从事不同互联网金融业务的企业的风险，衡量标准是不一样的，标准不一样，就没有办法衡量整个行业的风险。

另外，互联网金融这个行业需要有一个相对比较规范的统计系统，到底它的业务量是多少，能做到什么程度，现在没有人说得清楚，这些都属于“监”的领域，我觉得应该由监管部门作出一个大的框架，作出一个指导性的原则。而“管”这块，恐怕更多的应该依靠行业自律，而不是要像管正规金融机构那么去管理。

互联网金融或影响世界金融格局

嘉宾主持贺力平：我听到有人说：在 19 世纪，谁经济实力最强，谁拥有最多黄金，谁就可以做世界金融中心；在 20 世纪，谁的证券交易规模是全世界第一，谁就是世界金融中心；而展望 21 世纪，因为互联网金融的出现，世界金融中心将是分散的。现在中国金融交易的热情是世界上第一高的，换手率肯定也是遥遥领先。从这个意义上来说，可以遐想一下，互联网金融的蓬勃发展是不是有可能给中国某个城市提供机会，成为世界金融中心？我们请各位专家点评一下。

陈志武：这很难预测。过去因为跨地区贸易大大增加、商业金融慢慢发展起来，到了 17 世纪末期、18 世纪，随着英国发国债，国债市场建立起来，伦敦发展为以固定收益类、债券为主体，同时也包括保险和商业机构的世界金融中心；19 世纪、20 世纪随着资本市场的发展，纽约成为了世界金融中心。从这个意义上来说，世界金融中心是随着金融产品本身的设计、其结构性带来的变化而变化的，哪里有变化哪里就成了新的世界金融中心。

很遗憾的是，互联网金融和物理位置的关联不是很大。我们说哪里会成为世界金融中心是物理意义上的，互联网恰恰和这相偏离，完全是一种对传统的革命，可以在任何一个地方为互联网金融找到一个中心，按照这个角度来思考，我可能不能预测未来的互联网金融中心会在哪里。

龚明华：互联网技术确实给我们带来了很多积极的变化，它影响了我们经济社会生活的方方面面，以前我们很难想象的一些事情今天都变成了现实。互联网金融中心，也算是一个新概念，我想可能还需要进一步去分析、研究。当然，从感性上讲，我也同意刚才陈志武教授的观点，因为互联网技术本身提供了一个技术手段，提供了一个渠道，它恰恰跟我们平时讲的建设金融中心是冲突的，因为不管在什么地方，只要具备上网条件，就能够享受或提供金融服务。所以这个问题非常有意思，我们还需要进一步去研究。

张承惠：这是一个很美好的假设，但我认为现实可行性非常小。第一，互联网金融——刚才陈教授说得很对——它没有金融产品方面的创新，它也很难去引导世界金融市场的交易规则，很难吸引大量的资本到这儿来，或者是做一些国际金融中心吸引资本所能做的事情。

第二，国际金融中心的形成并不仅仅是因为某一类交易手段、某一类金融产品特别发达而形成的，它是一个综合条件形成的结果，还有一些更重要的因素在背后支撑着国际金融中心，比如说法律环境、商业文化等。我认为中国目前还没有拥有这些条件，还没有达到这样的水平，所以仅仅是互联网金融近几年爆炸性的发展，恐怕很难使中国在短期之内迅速成为一个世界的金融中心。

黄益平：我觉得中国成为国际金融中心是有可能的，但不会是因为互联网金融的发展，互联网金融的特征第一是平台，第二是大数据，这造成它本身就与中心化是相冲突的。互联网金融以后会怎么样谁也不知道，但我认为数据和平台如果结合得非常好，意味着一家金融公司的边际成本可以被压到为零，边际回报率非常高，也许最后变成几家金融公司就能把全世界的生意都做了；如果做的不成功，以后它仍然是一种半线上半线下的结合，仍然是会相当分散化的金融体系。所以，不管从哪一个角度来说，确实都很难预测。

唐宁：最后一个发言的优势就是可以站在巨人的肩膀上，我个人非常同意各位嘉宾的观点，唯一想补充的就是，中国哪怕建不了国际金融中心，也可以建设金融改革、金融创新的人才中心和思想中心。

第三篇

地权演变与房价调控

DI QUAN YAN BIAN YU FANG JIA TIAO KONG

农地确权、农地入市正在各地推进。地方政府具有改革土地制度的热情，缺的是改革的空间，需要顶层设计给基层创新更多授权。农地改革能为小产权房正名吗？土地财政是否会在土地改革中终结？土地制度的创新对房价会有什么影响?

中国房地产要警惕泡沫

贺铿　全国人大财经委原副主任委员

房地产业的性质

房地产业是一个极其重要的民生产业，它是实体经济，而不是大家通常所认为的虚拟经济。今天，我们有一些理论家在这个问题上的认识还不如一千多年前的诗人杜甫，杜甫清楚地认识到，房地产业就是要盖千千万万的广厦，解决天下寒士的居住问题，而我们的理论家则大肆鼓吹房地产是投资场所，他们关心的不是房子的使用功能，而是升值功能。更糟糕的是，我们的政府关心的也不是房地产的使用功能，而是土地的财政功能和房地产的 GDP 功能。政府之所以将房地产归为支柱产业，本质上就是为了GDP，就是“GDP 挂帅”。

从根本上说，房地产是不动产，不仅一个国家不能把它当作支柱产业来发展，就是一个地区，也不能把它当作支柱产业来发展，支柱产业应该是推动一个地方 GDP 发展的最重要的支持产业。无论生产再多的房子，就算被出售了也是拿不走的，这说明它是不动产，所以房地产应该起到根据实际情况满足居民居住需求的作用。

房地产泡沫及其表现

现在大家几乎一致认识到中国的房地产有泡沫，认为它没有泡沫的人已经不多了，只是在泡沫有多大这个问题上，有些人估计过多，也有些人估计不足，在程度上有所差异。我国的房地产泡沫与 2008 年美国的房地产泡沫有着不同的表现，美国的泡沫主要是投机者对次贷进行金融包装，用杠杆工具形成金融泡沫，而我们当前的房地产泡沫主要有三个特点。

一是平均房价与平均居民收入水平脱节，差距很大；二是投资投机性购房在整个购房当中的比例不小；三是空置房，即所谓“鬼城”在不断增多。房地产泡沫在金融方面的主要表现是政府、开发商、房屋购买者之间的资金关系错综复杂，隐含的风险比较大。现在我们对房地产泡沫的研究还难以深入，因为我们关于房地产方面的数据可以说是五花八门，这导致各种判断都缺少充分的依据，但泡沫带来的风险不可低估，这是毫无疑问的。2013 年，有部分城市的楼市已经出现崩盘的情况，这应该引起每一个人的关注。

中国房地产泡沫形成的原因

我国房地产泡沫形成的原因其实并不复杂，主要就是因为地方政府炒地、投机者炒房。一方面，地方政府为了土地财政，脱离实际需求，诱导地价上涨，造成开发商过度开发。另一方面，投机者为了得到利益，拼命炒作，诱导房价上涨。既然泡沫是这样形成的，按理说，治理、调控本应当针对这些形成泡沫的原因，可是我们多年来调控的措施就是限购、限贷，既不合理又不合法，更没有针对原因。再加上一些地方政府对房地产的调控政策阳奉阴违，效果当然不会很明显，甚至房价越调越涨，这其中的原因就是炒地炒房这一根本问题没有得到解决。

促进房地产健康发展的五大原则

为了促进房地产业的健康发展，各地政府必须认真地贯彻中央经济工作会议的精神，用改革的精神、思路、办法来改善宏观调控，融改革于调控之中，为此我讲五个观点。

第一个观点，要努力实现房价缓慢地回归合理，防止房价暴跌，这是我们房地产调控过程中一个很难的问题。如果我们的房价急剧下滑，出现的问题就不是一般的问题了，所以我们要让它合理地回归，缓慢、温和地回归到合理的价格。

第二个观点，作为民生工程之一，在新型城镇化的过程当中，房地产还会有广阔的发展空间。我一直强调，在中国，房地产业在相当长的历史时期内都应该是朝阳产业，因为我们的城市化水平还很低。2013年，我国实际的城市化率还不到35%，只是常住人口的城市化率达到了52%，这说明我们的工业化还没有完成。我国的目标是要在2050年达到中等发达国家的水平。理论界一般认为韩国和中国台湾地区已经达到了中等发达水平，这两个地方的城市化率都在87.5%，也就是说，农业人口只有12.5%，我们离这个标准还很远。所以，我国的城市化进程应该会加快，而城市化的过程不可能脱离房地产。

第三个观点，随着地权制度的改革，土地财政的现象会逐渐被遏制，这也会促进房价适度下降，但是地权改革本身不会为小产权房正名。我认为从全面深化改革的决定来看，小产权房在地权改革当中成为商品房的可能性不大，因为地权改革的核心问题是农民承包土地的处分权问题，在第十届人大立《物权法》的时候，关于土地的处分权问题，我前后发言过三次，但这个问题在那次立法中没有解决。从这次全面深化改革的意义来理解，我认为这个问题最终将得到解决。从安徽等 20 个省的实验情况来看，实际上已经开始在解决这个问题了，也就是将处分权交给了农民。《中共中央关于全面深化改革若干重大问题的决定》（简称《决定》）里说，农民承包的土地只要不改变用途，就可以上市、卖给会种田的人，这就是一种处分权，但这个处分权当然不能让土地改变用途，18 亿亩的红线我们是要确保的。另外，《决定》中关于宅基地处分权问题的规定就更加明显了，农民可以将自己的宅基地作为金融抵押担保，也可以相互转让，实际上这就是一个处分权，所以农用土地的改革归根结底是对处分权问题的规定。

第四个观点，房地产税是促进住房合理消费的重要经济杠杆，房地产税设计的指导思想应该是，不增加基本消费的负担，有效遏制过度消费和投机行为。这什么意思呢？打比方说，现在城市居民的人均住房面积为 35 平方米，这 35 平方米就属于基本消费，应该免税、不征税，要是超过了 35 平方米，超过的少可以适当征税，超过的越多税率越高。也就是说，既让老百姓住得起房，又不能让他们过度消费，更不能把它当作一个投资、投机的东西。

现在，按照深化改革的意思来理解，我国房产税的立法问题必须加快解决。事实上，我国已经在为开征房产税做各种准备，比如不动产的登记。不动产的登记有利开征房产税，但我认为房产税并不需要全面登记和联网。我主张见房就收税，见人就免税。你住在这个地方，35 平方米的税就给你免了，先征上来再返还给你，就等于免了。有一些房子可能找不到主人，没关系，国外有这个经验，多长时间没有人来认这个房子，那就收归国有，可以作为廉租房、公租房使用。

关于房产税，我认为是必须开征的，开征的意义就在于能让消费住房更合理。

第五个观点，农用土地权有变化，土地收入在开发过程当中肯定是有的，我建议土地收入归中央财政收入，中央把这个钱用于建设廉租房、改造棚户区和加强社会保障。房产税现在已经明确，应该归地方财政收入。房产税归地方财政收入是许多国家的经验，这应该说有利于我们贯彻有关房产税的决定。

中国房地产没有泡沫

任志强　北京市华远地产股份有限公司董事长

房地产为支柱产业是因为税收

所有的地方政府以房地产为支柱产业都是因为税收。大部分有房产税的国家，房产税几乎占到地方财政收入的近 100%。现在在纽约，因为受金融危机影响，房产税税率提到了 6%，并且这个比例仍旧在不断提高。纽约的财政官是个华裔，他告诉我们，房产税几乎占到整个城市所有税收的 100%。所以房产一定是支柱产业，不管是在中国还是在美国。

2013 年，我们的税收终于从上半年的下行逐步回暖，其中贡献巨大的是房产税，如果没有房产税作为支撑，我估计我们的财政部长就不太好当了。

我认为泡沫是因为金融杠杆产生的，如果中国的第二套住房都要交 70%的首付，这样一来即使房价跌70%，银行那 30%的贷款也不会亏。

所以，如果所有的损失都不影响到我们的金融市场，不影响我们银行的金融体系，这就不叫泡沫。炒黄金会亏本，但谁把黄金当成泡沫了？没有，这是因为买黄金是100%自己付钱的。过去说房地产市场有泡沫，是因为房地产市场有巨大的杠杆作用，这个杠杆作用会影响到金融体系。但中国有巨额的首付，首套房首付30%，二套房首付70%，换句话说，就是首套房房价没有跌30%，银行就没有风险；第二套住房的房价没有跌70%，银行也没有风险。所以，我不太认同中国房地产有泡沫。

供地少时房价一定会暴涨

美国现在的房地产市场价格也在不断往上涨，美国驻华大使在积极招集中国资金去美国投资房地产，并推荐了一系列的房地产项目，所有的项目都告诉你，美国的房地产投资回报率一般都在400%，如果低于400%你就别投资。

中国恰恰相反，如果房地产商有20%的利润就需要缴增值税，如果利润超过30%，增值税还得继续增加。社会各界、包括媒体都在批评，说中国的房地产太暴利了，但查一查房地产行业上市公司的所有报表发现，平均下来也就是7%～8%的利润率。

大家都知道，碧桂园的张欣刚花了将近100亿人民币在马来西亚买了一大片土地准备建房子，土地价格是每平米2000元人民币，房价多少？每平米2万元人民币，土地价格占当地房价的10%。在中国你找得着土地地价占房价10%的土地吗？找不到。北京基本上是50%～60%，上海2013年土地价格的增长幅度是118%。北京2012年一年大概有600多亿到700亿的土地收益，而2013年到11月时已经接近1600亿。上海在2013年11月土地收益已经突破2000亿了，而其2012年全年也才690亿。

2013年1—9月份，固定资产投资处于基本下滑的趋势，所以2013年经济工作会议指出“经济前途太复杂了”。连党中央都看不清楚经济前途会怎么样，我们又如何判断房地产市场呢？我们觉得经济形势越不好的时候房地产市场一定是越好，因为中国连续十年都把房地产作为调控宏观经济的一个工具，当市场好的时候就打压房地产，当市场不好的时候就一定充分利用房地产市场来稳定或保证中国经济的GDP增长数，所以我们并不担心宏观经济下滑。另外，如果我们的GDP增速不能达到7.5%或7.5%以上，我们很难让老百姓的收入在2020年实现翻一番的成果，因此GDP增速还要保持一定的稳定性。

房地产投资增长率基本上在2013年趋于平稳，这比我们在2013年年初预测的要好，2013年年初，我们预测全年房地产投资增长率大概在18%左右，最后实际上达到19%点多，高了约两个点，它应该还可能持续保持较好的增长态势。在连续一年多的时间里我们的土地供应量都是负增长，但2013年11月份，土地供应量增加由负转正之后，2014年的房产市场供应量会增加，同时在每一次土地供应量高速增加的过程中，房价增幅都会放缓。市场有能力去配置资源，有能力调节供求关系，但如果土地供应量在垄断的情况下严重不足的话，那必然会导致房价的持续上升而暴涨。

房地产在2013年的发展状况很好，我们已经连续好几年没有20%以上的增长率了，前几年基本都是个位数，而2013年20%以上的销售面积的增长率，已经是近年来非常好的成绩。而销售额的增长率可能在30%左右，同样是一个很高的水平。

2013年房地产销售额大概能超过8万亿。8万亿是什么概念？2013

年全国的食品消费大概是 6 万亿左右，2012 年是 5.3 万亿。房地产销售额从 2011 年开始超过食品消费以后，差距逐年加大。2011 年，房地产销售额是 6 万多亿，食品消费为 5 万多亿，差得不多，但到 2013 年，已经是 8 万多亿对 6 万亿的差距，差距在逐步拉大。这意味着在所有家庭的个人消费中，住房消费所占的比重开始逐渐增加，而食品消费的比重开始逐渐下滑。

放眼国际，在欧洲一些国家、美国、日本、韩国，住房消费占比通常在 25%～30%，中国现在也就是 10%左右，还有一个巨大的上升空间。换另外一个说法，收入提高的时候你不可能把三顿饭变成六顿饭，但你可能把住房消费的金额提高两倍、三倍、四倍。从 2013 年 1—11 月份的房地产发展情况可以看出，2013 年是房市的一个大丰收年，但是未来十年又会怎么样？大家都觉得不可能再保持过去十年的高速增长。因为我们过去十年中是从每年开发 3 亿多平方米到了 2013 年的 12 亿平方米，如果持续保持 20%的增长，可能未来就会增长至每年开发十七八亿平方米了，但这几乎不可能。在我们的测算中，大概每年开发 14 亿～17 亿平方米已是最高峰，之后就要开始持续下降。按照这样一个增长速度，我们大概还要建 200 亿平方米左右的城市住宅，按照一年十几亿的竣工量可能十年就能完成。那之后该怎么办？所以，政府的调控可能恰恰使这个周期拉长了，房企会有更多的自有资金，或者更多的现金流可以保证获取更多的土地和更多的增长。

放开宅基地买卖：把农民从土地中解放出来

在土地供应过程中，最大的土地供应量用在了退耕还林上，大家都以为是开发商把土地占了，其实不是。2013 年的政治局会议提到了二次土地测量的问题，以及经济工作会议提出了保证土地红线，同时制定了今后10年每年退耕还林还草8000万亩的指标。换句话说，二次土地普查没有公布的结果，也许比想象得要好，我们不再是只有18亿亩基本农田，可能是20亿或30亿亩了，亩数多出来了，所以才再次提出退耕还林。

在所有的建设用地中我们虽然只占很少的比例，但所有的罪状却都压在房地产开发商的头上。2013年的经济工作会议重点提出来要减少工业用地的供给，增加土地用地的供给。在所有的供给中，土地供给、住宅供给只占全部供给量的百分之二十几，非常低，大量土地被工业用地所占用了。

在城镇化的过程中，如果不能同时把农民变成城市居民，我们就无法改变人均耕地的情况，日本、韩国、中国台湾地区、中国大陆四者相较，从人均拥有的耕地面积来说，我们大概是前三者的一倍多，但就农村人均耕地相比较，我们和日本差了将近10倍。日本的人口密度比我们大得多，可为什么日本农民拥有的农村耕地会比我们多呢？就是因为日本城镇化率高。在城镇化发展的过程中，日本、韩国和中国台湾地区虽然减少了少量的农村土地，但增加了大量的城市人口，在减少农村人口的同时让农民人均拥有的耕地迅速增加，而且成倍增长，远远超过了我们的好几倍。如果我国原有人均耕地比他们多一倍，但实际到农村的人均耕地我们比人家少一倍，就是四倍之差了。这几个数据可以告诉大家，如果我们的城镇化不改变宅基地的拥有量，不能让农民从土地中解放出来，把土地真正变成剩余人口的人均耕地，这个城镇化一定是伪城镇化，最后造成的结果仍然是没法儿解决18亿亩红线和农村粮食安全问题、土地问题的。

农村的宅基地仍然不能买卖，农民没有自主权利，他凭什么要转移到城市中，他不如干脆等卖宅基地发财。再过十年二十年没地用了，是不是就要用他的宅基地了？那房地产商就要开很高的价格才能买。所以我们不错在缺少土地资源，也不错在我们人太多，而错在我们的土地制度有问题，因为农村土地和城镇土地之间的政策差别，导致出现了大差距的价格，本来应该是平滑的租金曲线，但因为我国的土地政策，导致政府拥有的土地、国有土地价格大大提高，因为这些土地上建设的是可以买卖的商品房，而农村的土地上是小产权房，所以农村的土地价格暴跌。这个悬崖式的、断崖式的利润被谁拿走了？政府。看看过去十几年中土地的情况，综合地价每平米 297 元，住宅地价每平米 578 元，工业用地价格很低，甚至很多政府用免费的工业用地条件来招商。2013 年的中央经济工作会议上明确提出，我国土地利用率太低了。用日本和我们的对比，他们用了国土面积的 4.2%来安排城市，我们只用了 0.4%，为什么我们不用更多土地呢？如果宅基地不能买卖转换，就算是城镇化比例越来越高，城镇化率从 30%提高到了 52%，农村的宅基地只会同时迅速增加而不是减少。为什么农村人口减少了，宅基地却不减少？因为我国的土地政策不合理。这从工业用地面积就可以看出来，我国工业用地有 34.75 万平方公里，可我国城市占地只有 4 万多平方公里。

中国不应该犯各个国家都没有犯的错误，如果日本、韩国等周边国家给我们提供了一个很明确的城镇化道路的方向，他们用实践已经证明了在城镇化发展过程中可以解决好土地问题和农民拥有的财产的问题，那么我们中国政府应该比他们更有智慧，解决好中国的房地产的问题。

圆桌对话：房价调控模式转向

贺　铿　全国人大财经委原副主任委员

任志强　北京市华远地产股份有限公司董事长

陈　淮　建设部政策研究中心主任、中国城乡建设经济研究所所长

董　藩　北京师范大学管理学院教授

陈国强　中国房地产学会副会长

嘉宾主持姚长盛　北京电视台主持人

房地产是否有泡沫

嘉宾主持姚长盛：陈淮先生，我就问您一个简单的问题，什么叫泡沫？

陈淮：泡沫是资产价格必有的组成部分，在经济学意义上叫虚拟价值，因为资产价格不是按形成的价格、花了多少钱而定的，而是按照这

个资产能挣多少钱而定的。由常识可判断出，一亩肥地能打500斤粮食，一亩薄地能打100斤粮食，这两块地的价格肯定会有区别。这个区别就来自资产的产出效率不同。

人们在股市中常说的一个词叫“估值”，估它未来收益和现在资产价格之间的比例，也就是说包括房地产价格和股市价格在内，资产价格都要包含一个对它未来收益所形成的虚拟价值。

假定你花一百万买了一套房，政府在你们家门口修了地铁，很多人都想住这套房，你可以转手卖200万，那它到底值不值200万呢？值。因为供求关系决定了这个资源很短缺，多出来那100万是什么呢？是人们减少了上下班时间所带来的福利收益折算而来的，这就叫虚拟价值。花一千万投资一家工厂，一条生产线能挣300万，回报率是30%。形成30%回报的资产能卖多少钱呢？假定我们把银行利率定为10%的话，您得把3000万存银行满一年才能挣300万，花2999万买这条生产线就比存银行划算，多出那1999万就叫虚拟价值，它就是泡沫。

董藩：大家都说房地产有泡沫，其实不然。因为如果说有泡沫，房产价格虚高，那社会在买房过程当中购买力是严重不足的。而事实上正相反，业内说2013年房地产市场成交额至少有8万亿，这个数字非常庞大。我国目前城市当中住房自有化率至少是87%，如果加上农村，全国整体比率至少是95%。我认为中国的房价统计有严重的问题。因为如果谈房价收入比，必须根据西方的做法去修正，西方农村的房子是算商品房的，而我国农村的房子不算商品房，我国的房地产法规叫《城市房地产管理法》。如果把农村房价算进来，中国的平均房价几乎会被拦腰砍断。除此之外，我们还会发现中国大量的小产权房、集资房，以及当年房改房没有往里统计，还有很多单位自建自管的房子，以及城中村的房子，所有这些都没往里算。真正加在一起算出来，平均房价绝不是我们今天所知晓的水平。

中国房地产领域存在的问题不是房价高和有泡沫，而是分配不公。年轻人在社会打拼，除了工资之外可能没有别的收入来源了，但决定中国房地产需求的是中上层人士，他们在工资之外有大量其他的收入，这就是今天中国房地产领域面临的最大问题。

陈国强：所谓房地产泡沫，我的理解，是局部区域、局部城市、局部时点存在泡沫。同时在部分人群当中，比方说“房叔”、“房姐”，在他们身上我们看到了明显的投机泡沫。

董藩：他们家钱多，多买了几套衣服，跟你有啥关系呀？只要不违法就行。

嘉宾主持姚长盛：这点我同意，他有钱想买，不可以吗？

董藩：没啥不可以的，全世界范围内房地产市场都存在大量的投资者。一个完善的市场一定包括两部分：一部分是买卖市场，自己买房子自己住；一部分是租赁市场。在租赁市场上，一定是一方连着富人，一方连着低收入人群；一方连着本地人，一方连着外来打工者；一方连着中老年有积累的人，一方连着刚刚毕业没有积累的人。这些有多余钱的人，买了房子出租给暂时买不起房子的人，形成一个巨大的租赁市场。这是社会有效运行的基本条件，无论在中国还是其他国家，只要是市场化国家都存在。美国三分之一的人没有自己的房子，欧洲40%的人没有自己的房子，恰恰说明了房地产市场存在的必要性，也正说明了这些人投资房地产的必要性，买了房子出租给别人，帮助政府缓解了住房保障的压力。而且我一直认为，买房、炒房，不违法，不但不违法，还很光荣。因为他们不但帮助了低收入人群租到房子，还帮助政府缓解了保障房压力。所以，我不但鼓励别人买房子投资，我还教他们买房的技巧。当社会上形成一个有效运转的租赁市场的时候，那些刚刚毕业的大学生就不会为走出校门之后租不到房子而发愁了，所以租赁市场的存在是必要的。

陈国强：如果我们的房地产业的制度环境是完善的、健全的，长效机制已经建立了，或者说已经比较完善了，那么购房的自由和其他的自由一样，这是自主选择的问题。像刚才我提到的“房叔”、“房姐”，我们可能需要追问一个新的问题，他们的财富来源是否合法，是以什么样的手段获得这些财富？如果是通过经营企业，通过发挥企业家精神获得了合法的收入来源，他们愿意把资产配置到房地产领域，我觉得就没问题。

土地私有化，地价可以回归合理

嘉宾主持姚长盛：现在大家都在关注农村用地，不管是宅基地还是一些集体用地，最后有没有可能同权、自由转让，甚至让城市的地价降下来。所以有人说可以去买小产权房，但国家又在严厉治理小产权房，我们想知道，这中间是什么逻辑？

另外，地价究竟有没有可能便宜下来？就以北京为例。

任志强：什么时候土地私有化了，地价就便宜了。

嘉宾主持姚长盛：能私有化吗？

任志强：我觉得不会太遥远。

有一个最简单的案例就是小岗村。小岗村农改的时候土地是不能个人承包的，但当地农民想集体土地是不是可以集体做决定，于是他们就集体做了决定，搞起了个人承包。既然农村土地是集体所有，那集体能不能做决定呢？公司既然是股东的，股东会有没有权利做决定，把公司解散或私有化了呢？答案是肯定的。从法理上来说这是一个很简单的问题，就是让不让他做。我觉得今天不让做，明天不让做，后天可能就让做了。现在土地同价、同权的两个前提条件是要严格遵守规划和用途。

在中央财经小组的解释中，规划和用途上不合理的小产权房是不能得到承认的。农村土地的集体建设用地也要符合这两个条件。比如规划上，政府规划这是一条路，你不能因为它是集体建设用地最后不服从规划。如果原来用途是农村耕地，你自己不管怎么改，它的用途只能是耕地；政府要占用就得按土地征用程序来，这两者之间是有差别的。按照国家领导人的话就是，法律上没有修改的不能先动，所以我们还得再等等。土地完全由市场配置资源和市场化的时候，其价格就一定是合理的，你要想便宜就那时候买。

贺铿：地价的推高主要是地方政府主导的。地方政府之所以能够把地价推高，就是利用了土地的集体所有制和国家所有制两种土地形式，它可以用低价把农民的土地收下来，收下来以后再用所谓“招拍挂”，让地产商去竞价，越竞价土地价格越高，地方政府从中得到大量的好处。地价就是这样被推高的。如果说我们的土地是私有的，那就不会出现这种情况，地方政府也不可能有土地财政。地产商要开发这个地方，只能根据政府的规划，然后直接面对的是土地所有者，地价不可能抬得那么高，而农民——真正的土地所有者会比现在得到的收益更多，这才是合理的。所以只有土地私有的时候，地价可以回归到合理。

目前看来土地私有还有一点悬，但可以先把土地的处分权慢慢争取给土地承包者，让他们可以自由处分。就像我们的资源分配，过去提的是“市场是基础性作用”，现在提的是“市场是决定性作用”。如果把处分权交给了土地使用者，那么土地的处分决定权就在使用者手上，而不在政府手上。现在恰恰相反，决定权在政府手上，而使用者没有决定权。所以，我们是不是可以换位思考，把土地的处分权交给农民？

新一届政府房地产政策解读

嘉宾主持姚长盛：如今我们在各种各样的场合解读中央政策，十八届三中全会后大家主要解读《中共中央关于全面深化改革若干重大问题的决定》（简称《决定》），用房地产业内人士的话来说，《决定》里面“没有一句话提到中国房地产，这就是对中国房地产最大的好消息”。对此我们想请教陈淮主任，第一，没有提到房地产背后的潜台词是什么？第二，这期间大家反反复复提到的一句话——“市场起决定性作用”，这句话是否适用于中国房地产业？

陈淮：最近有三个重要文件，一个是十八届三中全会关于改革的《决定》，一个是《2013年中央经济工作会议公报》，还有一个是《2013年中央城镇化工作会议公报》，三个文件都有相当大的部分涉及到房地产及其改革与发展。

十八届三中全会的改革文件里有10处和房地产有密切关系，比如说发展直接融资、规范与发展债券市场等。又比如文件提及城市规模时，在户籍制度改革中提出，小城镇放开，中等规模有序放开，大城市根据各种条件区别化对待，特大城市严格限制人口涌入，我们可不可以把它理解为限购政策按照不同规模的区别化走势？

文件中还指出，要努力地形成一个橄榄型的分配结构，逐步让大多数老百姓拥有资产累积能力。并且，在今后一段发展过程中，要多种途径增加老百姓的财产性收入，这些也都和房地产有关系。

小康社会就是大多数老百姓有产的社会，老百姓有房就是有产的一个最重要的组成部分，让老百姓有房是世界各国培育与发展社会中产阶级的共同途径。最重要的，十八届三中全会明确了，要积极推进房地产税的立法并适时实施。

《决定》开宗明义地说，宏观调控的主要职能是维护国民经济的总量平衡关系。这意味着，过去讨论的，“穷人买不买得起房，任志强有没有暴利，地方政府怎么减轻对土地财政的依赖，征地拆迁的矛盾如何缓解，以及中央财税和地方财税关系怎么调整……”现在通通不属于对房地产的宏观调控。

十八届三中全会把宏观调控、宏观经济、宏观政策回归到了宏观经济学的本源，学习中央的文件还是很有必要的。

嘉宾主持姚长盛：《2013年中央经济工作会议公报》、《2013年中央城镇化工作会议公报》都有提及房地产业，新一届政府与往届政府相比，对房地产的态度是否有变化？有哪些变化？

陈国强：2013年中央出台的三个重要文件，其内容是非常丰富的，值得我们反复地去阅读、去理解。首先，我同意房地产行业里有人提出来的，“不提房地产调控就是进步”。和过去相比，重要文件里面不再出现房地产调控，不再出现房价调控，显而易见我们的政策逻辑有变化。

其次，中央文件当中没有提及房地产调控，是否意味着，我们的房地产调控这一页已经翻过去了。事实上，房地产调控仍然在延续，尤其是在北上广深这样的一线城市。这些城市从户籍制度、政策上有明显的区别对待，差别化的户籍政策意味着，在这些城市未来一段时期内，限购这样的行政手段仍然会沿用，调控仍然在继续。

最后，我想我们尤其是房地产行业里面的从业者，需要认真地去领会和把握新政策的含义、内涵，以及未来的政策取向。毫无疑问，从这几个相关文件里面我们可以解读出新一届政府与往届政府相比，在房地产未来发展方面上有很多新的思路、逻辑和想法。尽管现在还不够系统和完整，但我相信在不远的将来，会有更多、更清晰的表述，或者说有更明确的措施、政策陆续出台。我想在此很扼要地提两个自己的观点。

第一，过去我们谈到楼市调控，常见的是由中央统一发号施令，统一部署，而最近全国十多个城市陆续出台地方性调控的政策。我觉得由此可以做一个很简单的判断，过去由中央通过一刀切的，或者说统一号令的调控方式难以有成效，需要把调控的主动权、自主权、主动性更多交给市场和地方政府。如果北京面临房市供应紧张，房价上涨过快的问题，那显然需要在住房用地的供应上，在未来供给方面做加法。一些三四线城市，目前已经出现比较明显的供应过量，需求不足，地方政府就需要想办法怎样消化库存，释放住房需求。第二，从最近十多个地方政府出台的新一轮地方调控新政中，我们也特别注意到，多数出台的新政，它们不是在调控方面强化执行，或者是做减法，做收紧的文章，恰恰相反，它们的着力点在如何引导市场或者是给予潜在购房者释放购买力的方面做加法，和过去相比，这是一个很简单的、很直接的变化。

董藩：我不太同意陈博士的看法，他说新一届政府有很多想法、思路和打算，其实要真有的话，在《决定》中就写出来了，之所以没有写，是因为中央一直没想明白。

中央想刻意回避这个冲突特别大的房地产问题，因为在这方面，老百姓盼着房价下跌，但中央领导经过反复分析发现，如果房价真要下跌就损失大了。因为现在保房地产业的稳定，就是在保经济增长、保就业、保税收。从这个角度来讲的话，政府希望房地产市场稳定健康地发展，但如果你真要这么说，似乎又呛到了老百姓的情绪，好像又回到房地产是支柱产业上来了，这样一来让老百姓不满意也不好，于是政府就采用了回避的态度。

其实房地产业不但是支柱产业，它同时还是主导产业、先导产业，任何一个行业的发展都离不开房地产。试想，咱们开会没有大饭店行吗？金融中心没有银行的营业点行吗？商务中心没有那些购物中心行吗？所以房地产业是其他行业的“母亲”，它生产出房子，形成了其他行业的投入品，其他行业才能健康发展。

贺铿：我的看法恰恰相反，2013 年的经济工作会议释放了一个重要的信息，关于对房地产怎么看，应该如何正确地调控的信息。我们总认为房地产与 GDP 的增长关系以及财政收入的关系太大，好像必须扶持它，发展一快再快，这显然是不对的。我觉得释放的这个信息应该用《决定》中的一句话去理解，即我们需要的是有质量、有效益的增长，还要防止增长所带来的种种问题。

现在房地产带来的问题已经很多了，说到底，绝大多数人关心的是，我能不能买得起房子住、有没有房子住，房价是继续向上还是向下？新一届政府要做的应该是逐渐地让大家改善居住条件。2013 年的中央经济工作会议和中央城镇化工作会议提了几个重要的相关工作：第一，要增加生活用地的土地供应，要保证保障房建设；第二，经济适用房、保障房，以及棚户区的改造，都定有任务量，增加基本供应，房地产开发，这个商业过程只能慢慢用经济的办法引导它健康发展。我曾经在公开场合说过，中国的房价总体上肯定是要降的，可能要降 30%，但马上我们的新闻媒体、资深记者们就报道了：“贺主任说，北京的房价要降 30%”。我可没有说这个话，因为每个城市的房价是由供需决定的，整体房价是由收入水平决定的。我说的是整体上要降30%，是根据现在基本的平均房价和我们的收入情况来判断的。关于北京的房价我基本同意刚才任先生和其他几位先生说的，这是调控城市膨胀的一个方面。2008 年一年美国房价降了 23%，但是纽约曼哈顿的房价一分钱也没有降，有需求就不可能降。我也同意任先生的看法，这里你买不起，你可以去别地买，引导人口合理流动，这与工资待遇和就业机会也就联系起来了。2013 年 2 月李克强总理在湖北讲了一句话，要创造条件“让农民在家门口就业”。这也就是说，我们的产业、我们的城市应该向下发展，让大家在那儿有更多的就业机会，获得更好的工作条件。所以，应该把人口由政策向下引导，我相信一旦农用土地权属改革成功，房产税制度形成，我们房价总体上下行的日子就到了。

2014年，房价何去何从

嘉宾主持姚长盛： 房地产这事儿，基本上越说越清楚，在这里想让嘉宾们给判断一下 2014 年的房价。

任志强： 北京都这么涨了，别的地儿也得涨。分化是指什么？人口不往那儿流，那个地方房价就会跌；户籍放开的时候，所有人口向某一个方向流动，那里的房价就蹭蹭往上涨。

土地供应充足可以让它涨得慢一点，但公共资源匹配不均的问题，让所有人一定会向公共资源最好、收入最高、就业条件最好的城市集中，这些城市的房价就会涨。所以从大局来说，最后的数据一定是涨而不是跌的。

嘉宾主持姚长盛： 请问是全面的涨吗？

任志强： 越来越多的城市买车要限号、摇号了，都是跟北京学的，这说明什么？说明这些城市的房价得涨啊，不涨它限号干吗？政府实行限购政策，就告诉你市场处于供不应求阶段，供过于求的时候政府会拼命鼓励你买，怎么会限购呢？

陈淮： 知道未来房价涨跌的只有这么几种人，一种是江湖术士，另一种是神仙。预测房价涨跌没意义，我要知道未来房价是涨还是跌，我就不坐这儿，也不告诉别人，我直接把消息卖给摩根士丹利，管它要两亿美金，所以不要相信这种话。

通常中央经济工作会议研究下一年经济发展的基本部署，主要核心是四个问题：第一，增长速度的快慢高低；第二，物价是上涨还是下降，通胀还是通缩；第三，财政收入平衡与否；第四，出口问题。《2013年中央经济工作会议公报》虽然也提到了这四个问题，但它们已不是主要问题，这次的核心问题是哪些？同样也是四个。

第一，保证粮食安全。您刚才问农村土地会怎么样？你想，2014 年首要任务是要保证农业生产粮食安全，这样一来，农村土地私有化在 2014 年还有多大指望？第二，调结构，压缩过剩产能。现在我国煤炭、钢铁、石化、水泥产业的产能过剩问题已经极度严峻，如果房企再不买地建房子，2014 年这些产业该怎么办？第三，环境问题。相信雾霾大家已经在高度关注了。第四，城市结构调整。在这个问题上，2013 年的三个重要文件都讲到了中等规模城市的问题。

我从来不认为大家应该听谁判断房价的未来走向。土地，这块地跟那块地从来不会一样的。总之，什么时候地价便宜了，房价就能便宜。

董藩：陈老师说他不是神仙，预测不了房价，但我是半仙。我告诉你 2014 年跌的可能性没有，但涨多少呢，因为是半仙，具体涨多少我就预测不了了。

嘉宾主持姚长盛：希望各位能在房地产的问题上给大家一些建议。

贺铿：因为我明确说了，房地产有泡沫，那么我说的对不对，就要看房价跌不跌了。2014 年房价涨的可能性小，因为我们的保障房建设抓得很紧，房地产税正在紧锣密鼓筹备，不动产登记工作也在加速进行中，这些信息都会有利于让我们的房价回归理性。所以我的看法是房价在 2014 年肯定要跌，跌多少、什么时候跌，那就得看我们改革的深度。

陈国强：未来观察房地产恐怕要有一个前提，要跳出房地产来看房地产。我认为我们新一届政府正在推进当中的各种房地产改革措施，无论远近，直接还是间接，恐怕都会深刻地改变我们房地产未来的格局与生态。

董藩：房产税绝对征不了，所以你能买就早买。

陈淮：要是绝对征不了，什么时候买都不一样吗？绝对征不了那你慌什么？肯定是要征了你才赶紧买呢。

我相信在过去十年、五年，甚至三年，我们对房地产充满着期待，又充满着诅咒，但是不管你赞颂它、诅咒它，还是站在什么立场上，中国城镇居民中改善了住房的群体每年都在增加。我相信2014年、2015年，城镇住房改善的群体还是会快速扩增，这应该是毋庸置疑的，我们要相信“改革60条”（即《中共中央关于全面深化改革若干重大问题的决定》）里说的一句话，市场才会给我们带来奇迹。

第四篇

民营经济的发展与机遇

MIN YING JING JI DE FA ZHAN YU JI YU

十八届三中全会再度提出，对民营资本进行开放，要求让市场起决定性作用。在这种背景下，民营企业投资环境是否会好转，市场到底能否起到决定性作用？政府的角色是否会发生根本性的转变？民营资本和民营企业又会迎来哪些新的机遇？

民营经济推动改革进程

刘永好　新希望集团董事长

没有民营经济的发展，市场化就是空中楼阁

重建改革的逻辑，逻辑是什么？我想从几个小故事讲起。当年改革刚刚开始或者还没有开始的时候，中央政治局开会时，动不动会提到年广久的“傻子瓜子”，那个时候他赚了 100 多万元。小平同志讲，先不要“动”，看看吧，不碍大局的。就这个“看一看”，才有了之后民营经济的试一试，有了之后“有益的补充”，也才有了之后“重要的组成部分”和十八届三中全会对民营经济非常明确的定位“毫不动摇地鼓励、支持和发展”，等等。

十八届三中全会的主题是要进一步市场化，而市场化是与民营经济连接在一块儿的。可以说，没有民营经济的发展，市场化就只能是空中楼阁，市场化和民营经济是正相关的。刚才讲到当年的年广久，其实在同一个时间，我和我的几个兄弟也想做一点事情。当时，我们是无线电

的发烧友，喜欢组装收音机。我们装的收音机音响很大，声音很好，很多同学和老师、朋友都希望我们帮忙组装，装完后大家都特别满意，花钱也不多。后来我想为什么不把它做成一个产品呢？那时候生产队是可以做一些生意的，我记得我在生产队的时候，还跟我们的队长一块儿出去炒爆米花，出去几个月就赚了生产队一半的收入，那大概是 20 世纪 70 年代的时候。我想，既然爆米花可以炒，做收音机应该也可以。于是我们就把生产队的库房腾出来，开始干了。但队长后来一想觉得不对，这事得问问我们大队书记行不行。大队书记说这个太复杂了，你问公社书记。结果我们用大车把音响拉到公社，书记出来看了一下。沉默了几分钟后说，“走资本主义道路坚决不行”。我们心中燃烧着的创业火焰一下子就被扑灭了，那是在 1980 年的年中。

假设那个时候我们公社的书记支持我们，结果就有两种可能了。第一种，中央政治局开会的时候不是讨论“傻子瓜子”该不该“动”的问题，而是刘氏音响该不该“动”的问题了；第二种，现在的 TCL 之类的公司队伍里或许有刘氏电器，那时我们丢掉了一个机会。之后，开始了有农村专业户，我们再次以专业户的名义找到公社书记、县委书记，县委书记说现在科技兴农，知识分子要帮助带 10 个专业户。于是，我们带着这样的任务下乡创业，从 1982 年 6 月份到 2013 年，总共 31 年了，这 31 年来我们脚踏实地一步一步做起来。我们生产饲料做到了全中国第一，很快就是世界第一了；我们养鸡、猪、鸭、鹅，能供应世界上超过 1/5 的肉产品。这样做得益于国家市场化的进程，以及国家对民营经济逐步的认同、重视和肯定。从“不动”到“试一试”、“有益的补充”，到“重要的组成部分”，再到今天的“毫不动摇”，我觉得这是民营经济发展的逻辑，是和国家改革正相关的。我们这批中国的民营企业家，是中国改革的见证者、参与者、推动者和受益者。

今天中国民营经济的作用已经毋庸置疑了，它已经解决了差不多全国80%的就业问题，提供了国内60%～70%的产品，上缴了超过60%的税收。今天民营经济的发展不单单是解决就业、提供税收，更重要的是极大地推动了中国改革的进程。而大家也欣喜地看到，十八届三中全会再次提出了市场化的概念，要塑造以市场化为导向的经济发展的格局。

改革三方面利好民营投资

十八届三中全会以后出现了一些变化，这些变化是什么？第一，八项规定要反腐倡廉。大家觉得特别好，以前做事到哪儿都要送一包烟、一瓶酒，现在全部都不要了，对民营企业而言，降低了交际成本。第二，对央企实事求是，适度地控制边界，央企不再是有钱就什么都可以做，要受一定的限制。第三，地方政府投资平台受到一定的限制，不能让地方政府什么都干、什么都干涉。另外，外来投资的比重已经弱化了，这里既有国际金融风暴的影响，又有中国本土经济成长的影响。

以前中国投资的来源主要是哪里？央企、地方政府投资平台、权贵人士，还有外国投资者，而现在这些在一定程度上都受到了控制或者是有所弱化。另外一个主体就是民营资本，民营资本在现在这种格局下没有被弱化、没有受限制，也没有边界。只要是在法律框架下的市场行为都是可以的，这是一个新的格局。当这个新格局机会来到的时候，我们的民营企业家们准备好了吗？

新格局下民营经济的变革与创新

在新的格局下，国家经济要发展主要靠谁？我觉得民营经济是主要的依靠对象之一，民营经济将会以国有企业和其他所有制的企业一起，为中国的经济建设作出更大的贡献。

在这方面我其实还是有好多的故事要讲。当初公社书记把我们的创业梦想给“枪毙”了，第二次县委书记说搞知识分子下农村去是可以的，就有了我们的发展。那个时候政策确实不好，但是市场太好了，我们想下乡后做什么？装音响肯定是不行的，我们决定养鹌鹑，这一养养成了全球第一，种蔬菜我们也赚钱，养猪、养鸡我们都赚钱。因为在商品短缺时期，只要你认真、脚踏实地，做什么都赚钱，但是风险也非常大，因为银行不给我们贷款。我们跟亲友借钱，到年末了要还，我们一开始经常还不出来，甚至最困难的时候我们曾经想过要跳岷江，好在那个时候没有跳。后来我们发展得非常好，很快成为了鹌鹑大王。成功后我们发现鹌鹑毕竟是一个小产业，就开始做饲料。

我们开始做饲料的时候也很难，国家当时实行粮食双轨制，买粮得用粮票。我们用鹌鹑蛋换票，有人告我们走资本主义道路，我们差点被抓起来。好在粮食改革已经开始了，这个事放松了一点点，还有有关的领导保护了我们，否则我们今天就不在这儿了。后来，国家把粮食统购统销政策取消了，那时候全国的饲料厂都是国有系统的，放开了以后它们就不知道怎么办，因为它们没有优势了，而我们靠市场拼搏非常有优势，所以国有的粮食局饲料厂纷纷开始倒闭，我们就不断地收购。有一段时间，我们一口气收购了国有 30 多家饲料厂，但也有一些企业不愿意让我们收购：民营企业凭什么收购国企啊？前不久我们调研了一下，凡是我们收购的那些企业全部都做得很好，国有资产得到了保值增值。而那些不同意我们收购的，如今已经被市场淘汰了，因为市场就是那么残酷，市场是讲规则的。这并不是说我们是救世主，跟我们合作的企业就一定能行，而是因为我们按照市场的规则去做，我们更努力、更拼搏、更市场化。

由于民营经济发展得很好，到 20 世纪 80 年代末，社会上有关“姓社姓资”的争论特别多。一时间领导也不来我们民营企业了，我们出去办事也难了，我们觉得日子太难过了。很多人说“新希望”走资本主义道路，我跟我哥找到县委书记说，我们不要产权，但我们跟工厂非常有感情，希望聘我们做厂长。我们县委书记想了半天说，“永好，政治上的事我也不太看得明白，但我绝对没有让你们关门和决定要收你们资产的想法”。他说，“我建议你们悄悄的该怎么做就怎么做”。就这几句话确实给了我们很大的鼓励，我们回去不声张，悄悄地该怎么做就怎么做，适当地停止了发展的步伐。到了 1991 年以后，小平发表“南方谈话”，全国一下子沸腾了，民营经济大发展。有资料显示，1990 年前后，是中国的民营经济在改革开放之后第一次大跌，跌了 40%，也就是我们准备上交工厂的那一年。但小平发表“南方谈话”后，民营经济迎来了蓬勃发展的机遇。就在这一年我们开始走向全国，在全国各地建工厂收购企业。到现在新希望在全国大概有 500 家工厂、八九万员工，我们继续养猪、养鸡、生产饲料，这是最传统的事，但我们得到了大发展。

我在很多地方鼓励创业，希望年轻人都去干和闯。现在一个公务员的岗位几十个人、上百个人去争抢，而创业却没这么热烈。我认为年轻人就应该闯一闯，失败也没有什么，但有可能因此给自己创造了机会，这是非常好的。当然，中国在新的格局下，经济还要继续地发展，我们除了去把握这个机遇还要有新的思索，这个新的思索就是怎么样进行改革。改革通常是指国家的改革，但对企业来说也要有自己的改革，就是变革和创新。现在跟以前不一样了，我们以前装音响赚钱，养鹌鹑、养猪也一定都赚钱，我们做什么都赚钱。但今天你再做这些就不一定行了，因为别人已经有很大的规模了。我们不能做这些因循守旧的传统的事了，要做什么呢？要做一些创新的事。这几年互联网发展得最好，比如阿里巴巴的马云搞的电子商务平台，居然“双十一”一天能够交易300多亿，当天我在现场，2012年的190亿，我也在现场，我专门去见证了这个奇迹。这种情况靠的就是创新和变革。

互联网的精神，第一是创新，第二是变革，第三是服务和让利；而且不断地在变。马云说互联网的精神是永远在潮头上；你要想始终在潮头上不容易，稍微一放松就下来了。

互联网带来了很多的新机会。现在手机上有很多的软件，都是小青年开发的。我认识一个大学生，他通过微信买产品、代理，再通过微信销售，一个月可以赚几万块钱，这种现象能持续多久我不知道，但至少这就是新的生意。这就是创新和变革。实际上任何时候创业，关键是怎么去把握新的变革与机会。

国家给了我们不断变革、不断发展的机遇，民营企业受到重视这是很好的，对我们企业来说也有很多的选择。这段时间我更多是到处走一走看一看，不断找机会跟人合作。冯仑做地产了，一开始大家都不看好他，最近发现居然做得不错，而且大家现在都说这样做行，因为新型城镇化需要这样的格局，这就是创新。我们现在搞了一个医疗的联盟，效果也非常好。我们也在想一些新的事，想用互联网的精神来引导创业、投资和发展，我觉得这就是新的机会，或许这就是我们企业自身变革的新机会。

改革需加大力度，强势开明的政府是保障

宗庆后 娃哈哈集团董事长兼总经理

中国需要强势开明的政府

十八届三中全会时我就说中国的经济形势不会太差的，如果政府主动改革，经济复苏可能会快一点，被动改革，就可能会慢一点。我们现在的经济体制改革关键还是六个字，与改革开放之初一样——放权、让利、开放，只不过其现在的含义和深度可能有一点变化。改革开放之初的“放权”是中央向地方放权，“让利”是中央给地方让利，“开放”是对外开放。现在不光是中央政府要给地方政府放权、让利，而且政府要给老百姓放权、让利，对外开放的同时对内也要开放。实际上，如果能把这六个字真正地落实好，经济肯定会复苏，而且也肯定会比较好。

我们现在需要的是一个强势开明的政府，一个强势开明、有权威的领导，这样才能把中国的事情搞好。因为中国是一个拥有13亿人口的大国，如果是一盘散沙似的，就什么事都干不好。

只要我们在经济上全面地开放，中国的繁荣富强是很快可以实现的。因为只要能把老百姓发展经济的积极性调动起来，这个力量就是无穷的。

十八届三中全会改革的力度是空前的，方向也是正确的。比如，审批制度的改革就是打破垄断，放开让我们搞市场经济。之前国家垄断的行业我们进不去，就算放开了我们民企还是进不去，因为各行各业的审批太多了，做什么事情都要审批，而且还要专家认证。所以，各行各业的审批都要取消。但目前的审批制度改革，要想靠政府部门去推动，我觉得是实现不了的。因为现在审批制度到底有多少条没有人说得清楚。现在一边呼吁审批制度改革，一边很多地方却增加了很多的审批条例。所以想要真正地实现制度改革，首先，倒过来做才能把制度改革掉。中央政府认为需要审批什么就审什么，地方政府审批等其他全部废除。其次，要制定标准。符合标准的就去干，加强监管，不符合标准的就要关闭。再次，要备案。这个备案不是审批而是告诉政府投资了什么，投资了多大的规模、属于什么技术水平的。政府把信息搜集了以后向社会公布，可以减少重复投资、过度投资和浪费。

财税改革未解决扩大分配问题，应降税加薪

另外，十八届三中全会以后，民营经济发展的春天到来了，中央把民营经济提升到与国有经济同样重要的地位了，而且鼓励民营企业的发展，同时也保护了私有财产，不再提贫富差距而是提共同富裕。

民营企业家逐步转化为依靠的对象了，因此我们不要辜负党和国家的信任和鼓励，还是要继续进步，为实现中华民族伟大复兴的中国梦作出新的贡献。

很多人都没有搞清楚经济结构的转型升级，以前转型升级是靠出口、投资来拉动的，现在则是以拉动内需、投资、出口来拉动，而且拉动内需是摆在第一位的。要拉动内需，首先得扩大分配，让老百姓有钱花。但是这次财税体制改革，光解决了中央跟地方财政收入的分配问题，没有解决扩大分配的问题。现在实行的结构性减税政策也没有起到作用，有的地方税还增加了，一些地方税收任务完不成就收过头税，甚至预收税，这么搞下去肯定是不行的。2013 年年底，财政部长曾说今后不给税收任务了，免得收过多的税，但下面有些人认为税收负增长面子上不好看，所以还是在拼命地收税，给企业造成更大的税负压力。所以，还是要降低企业的税负，让企业给员工多发一点工资，让员工多点收入。

现如今要培育中产阶级，能不能定一下中产阶级的收入标准，少收一点个人所得税，让大家都成为富裕的群体，过上好日子。同时，把社保和医疗、教育搞好，让老百姓有钱花并且可以好好花钱，这样才可以拉动内需。一旦我们扩大分配以后，经济就会发展快起来，经济一起来，税基扩大了税收也不会少。

要解决税收优惠的问题，第一，要解决政府的浪费问题，这点现在已经在做了，比如制止三公消费。第二，政府不能再投资了，中央应该把控住。第三，应该增加老百姓的收入。因为地方债问题所以政府不敢降低税负。一旦物价上升人民币就贬值了，这样也就解决了赤字的问题。同时，还会改变老百姓的消费习惯，人们都是买涨不买跌的，这样一来会拉动内需。只有提高老百姓的收入，把内需拉起来，我们的经济才会发展。我认为中国经济还可以高速发展二三十年，只是很多事情我们都没有做。

2014年的经济形势不容乐观

我是不太看好 2014 年的经济形势的。因为全球经济危机现在还没有过去，无论是美国还是欧洲，很难快速地复苏经济，特别是目前欧洲和美国解决危机的办法是印钞票，既没有发展实体经济，也没有解决就业问题，而实体经济才是真正创造财富的。我认为美国华尔街是有责任的，他们通过虚拟经济把世界上流通的钱都弄到了自己的口袋里；欧洲实行高福利、高税收政策，长期没有真正地发展实体经济，所以也带来了问题，大家都不愿意干活了。而我国还没有解决老百姓的分配问题，所以 2014 年国内经济可能也好不到哪里去。

中国房地产也绝对不能再这么搞了。全国有 6500 万套的闲置房，加上中央政府规划 2014 年要建 3500 万套的廉租房，一共有 1 亿套房子，闲置房率太高。现在房地产调控中主要是三方在跟中央博弈，地方政府、房地产商、银行。地方政府需要土地财政；银行靠高利息收入，一旦房地产价格走低肯定要亏本，而且银行借贷给房地产交易的钱回笼不了，要出坏账的。现在“80 后”、“90 后”买不起房，但他们成家立业肯定得要有房，而且他们是中华民族伟大复兴的中坚力量，不把后顾之忧解决了，他们怎么安心工作？

另外还有城镇化的问题。我觉得中国的城镇化关键是产业要下去，让两亿六千万农民都到家乡打工才是城镇化，接下来把文化、教育、医疗卫生等配套设施都普及下去。总之，如何提高老百姓收入是当前最迫切的问题。

圆桌对话：民企是否能迎来黄金发展期

秦　晖　清华大学人文学院历史系教授

戚聿东　首都经贸大学校长助理、博士后导师

王　瑛　中恒聚信投资基金管理有限公司董事长

汤珈铖　汤臣集团有限公司副主席及执行董事

嘉宾主持杨壮　北大国际（BiMBA）联席院长

不平等是阻碍中国民营经济发展的最大问题

戚聿东：民营企业发展到今天，已经走过35年时间，我们仍然感觉到民企和国企不平等。这可以从四个角度概括：第一，地位不对等；第二，实力不相称；第三，竞争不公平；第四，绩效不可比。

第一，地位不对等。从地位不对等的角度来讲，影响最大的可能是政治经济环境。我国改革开放35年，改革就是解放和发展生产力。根

据我自己的理解，改革就是解放企业家，发展企业家。要解放企业家就要给予企业家合法地位。1949 年以后，民营经济从有到无，1979 年以后又历经从无到有、从少到多、从小到大、从弱到强的发展历程。从政治地位来讲，民营经济经历了尾巴论、补充论、阶段论、组成部分论、微观基础论，到了十八届三中全会终于提出了两个都是论，也就是说公有经济和非公有经济都是社会经济的重要组成部分，都是我国经济发展的重要基础。从理论上、意识形态上、给予了国有经济和民营经济平等的地位。但这仅仅是意识形态上说的平等，还不是行动上的。在实际行动上，民营企业成长十分艰辛，它们每走一步、每取得一点进步，都要比国有企业取得同等进步付出更大的代价。大家都知道反垄断，作为经济宪法应该禁止一切垄断结构和行为，但是在我们国家的《反垄断法》中，第七条条约内容，就是国有企业在关系国计民生、经济命脉的七大制高点领域都被给予了网开一面的豁免权，但民营企业却没有这个权利。在我国，资源配置高度行政化，国有企业轻易地能取得政府的出资、注资、贷款、上市、发债、土地等一系列的优惠，国有经济在资源配置上能取得一种政权上的显著的偏好。我们总是提到体制内、体制外，民营经济显然就是体制外的。

很多民营企业做的都不错，但是在制高点领域没有它们，因为政府认为在军工、煤炭、航运等七大行业中国有资本要保证有绝对控制力，这几乎就理解为独资、独占、独治、独享。国有经济在这七大制高点领域都保持了绝对控制力，同时在装备制造、汽车、电子信息、建筑、钢铁、有色金属、化工、勘查设计、科技等这种基础性的重要骨干领域又保持有较强的控制力，就是要国有绝对控股。所以对国有企业特别是央企，法律上总是网开一面，而民企只能捡剩。

第二，实力不相称。2012 年世界 500 强企业中，中国大陆地区有

85 家企业进入，其中 78 家是国企，只有 7 家民企。不是说民企一定都要做到那么大的规模，但国企与民企的实力对比在今天还是不对等的，这从 78：7 中就可以看出来。

第三，竞争不公平。这个不公平有两个方面的表现，一个是行政垄断，我国 24 个垄断行业主营业务收入能占 GDP 的40%。央企垄断了自然垄断产业和重要的竞争性产业，而省一级以下的国企，垄断了基础设施产业（公用事业）和省里面的支柱性产业，可以说，在所有的支柱产业领域，都是国有企业在生机勃勃地生存和发展。

这就造成了“中国模式”。所谓中国模式，是指五强，强政府、强财政、强银行、强国有、强垄断。这种“五强”模式具有极严重的挤出效应，这种挤出效应是政府对市场的挤出、国有对民营的挤出、垄断对竞争的挤出、中央对地方的挤出。虽然有了两个“非公 36 条”，2005 年又颁布了新的法令，但仍然无济于事。我们的改革不能只是“舌尖上的改革”——光说不练，口号喊得震天响。我们需要行动。

这次重建改革逻辑有个关键：要行胜于改。改革重在行动，即便不提“基础性”、不提“决定性作用”，能把 1993 年提出来的“基础性作用”发挥到底也够了。数一数从十一届三中全会以来历次的提法，从研究的角度来看贯彻了多少？落地了多少？见效了多少？我们需要的是行动。提法早就有，比如说国有企业取消行政化，这在 1999 年十五届四中全会就提了，国家经贸委提出了国有企业及企业家一律取消行政级别，事实上情况却更加严重了！十六大、十七大连续两次提出深入垄断行业改革是政治任务，可是十八大不提了。十八届三中全会仅仅提了一句，网运分离视行业而定。

行政化配置偏向国有经济，所以，国有企业和民营企业在政府看来，肯定有亲疏和厚薄的。

第四，绩效不可比。从统计年鉴来看，我承认国有企业发展好于民营企业。2012年，民企500强净利润是4300多亿，这尚不及央企前六家的净利润合计，在很多年份里甚至还不及中石油和中移动两家的净利润合计。在这种情况下，我国500强里面316家是国企，剩下的是民企。但是国有企业的平均资产额是民企的4倍，占了这么多资源的情况下国企的营业额是民企的2.8倍，利润额是2.6倍。有人会说国企多缴税了，比民营企业缴得还多。可怎么不说国企多吃多占呢？国企是多缴税了，可是国企的资产是民企的4倍呢。

要重建改革逻辑，我们必须对国有企业和民营企业通盘考虑，在顶层观念上要设计好，在理论上一定要拨乱反正：第一，让国企成为特殊法人，而不是一般法人；第二，达成“国有经济是民营经济的剩余；国有经济是市场经济的必要补充；国有经济对国民经济和社会发展起着拾遗补缺的作用”的共识。只有这样，才会向好的方向发展，向真正的市场经济发展。在我看来，只有民营企业才是和真正的市场接轨的。

中国经济越困难，民营企业机会越大

王瑛：要说这30多年来政府有什么变化？应该说好的变化是从方方面面看政府更专业了。记得大概在2012年，我到过一个很大的市，我看到当地市委书记的工作作风和大企业董事长的工作作风基本上没有差别。我们是前一天下午把资料发给他的，他在夜里11点钟还在看这些资料。通常我们认为书记、市长应该是坐在那听我们讲解文件的。结果我们开场白都没有讲，书记就说“我们换一下办法，我来说”，接着让人推进来一个白板，在上面非常简单地画了一个图，说你们来实际上是要解决这几个问题。那一天的整个谈判缩短到不到40分钟就结束了。因为之后他说什么事情由市长办，什么事情由副市长办，非常干脆利落。

这些年我们能看到政府行政更加专业，技术提高了，也越来越像公司了，那这样的一种市场经济是不是我们要的市场经济？十八届三中全会很多处都在强调市场经济，可是这个市场经济是不是我们真正要的市场经济？我们都知道市场经济离不开私有制作为基础，而我们这30多年来的“私有化”应该说也是搞得轰轰烈烈，但这样一个“私有化”的成果其实像漂浮物一样，别看它大，仅仅是漂浮物，没有桩，没有在我们这个国度真正建立起属于市场经济的基础。我国在市场经济里是允许有特殊主体的，而且是要特别发展特殊主体的。而这样一个特殊主体到目前为止仍然在主流里被认为是共产党执政的基础。其实市场经济还有一个要求叫有限政府，而我刚才说的、描述的情景是有限政府吗？实际上十八届三中全会其实也没有充分讲清楚，什么是有限政府，如何约束这个公权力。我不太认可现在施行的是真正以市场为导向的经济体制改革。重建改革的逻辑，我的理解是，这30多年来改革有它自己的逻辑，在我们这块土地上真正长出来了很多是市场经济的东西，而它是怎么来的？它实际上是在放出的空间里，因为在那块空间政府觉得它已经无所作为了。只要他们不管那个地方，就有真正市场经济的东西持续生长。

可是如果说我们放出这些空间没有真正意义上的预期，又不尽然。听听中国的企业家说他们30多年是怎么过来的？很多人的故事是非常非常令人辛酸的。其实在市场经济里的运作是不可能没有预期的，现代经济说到底是预期支撑的经济，你们可以听听刘永好的预期是什么？他是怎么让预期进到他的判断里面的？刘永好们的企业现在已经做得很大了。我估计这一轮的改革也好，放开也好，可能他们企业的机会要远远大于现在的中小企业。可是就算这样，我也替他们捏着一把汗，因为我现在想不清楚企业做得很大的这些人，应该如何建立中长期的预期，对他们来讲，小打小闹、来一把去一把的事，已经不是他们应该做的事了。另外，还有一个民营经济稳定和持续发展的问题。现在很多民营企业家的二代都已经开始进企业了，应该说民营企业家是希望能够让企业传到自己的二代三代去的，而这还需要他们做很多的事情。

最后，我还想多说一句的就是，这一轮改革实际上是会有机会的，因为现下中国经济出现困难了，中国民营企业的机会似乎就来了，可是这个机会和风险是同在的。我们如何去识别风险和机会变成了一个应该非常非常认真去对待的事情。

政府管制制约经营环境

秦晖：经营环境如何必须要让企业家来回答，而历史学家最大的体会是未来是不可能预测的。如果说一些很粗浅的感觉，我觉得现在人们谈的经营环境无非是：体制的束缚，政府管得太多，比如说审批；还有是经济发展以后带来要素成本的提高，包括了劳动价格、土地价格各方面的要素价格提高带来对竞争力构成的压缩。而归根结底就是，政府的管制太严。这个问题应该说，不是通过中央下文件就可以解决的，因为各级政府都是利益主体，没有权力制衡机制，光靠中央下文件是很难解决的。我们不能把中央和地方政府之间分权和集权的问题与权力制衡、制约权力问题混为一谈。因为权力是不是可制约，与权力是集中还是分散不是一回事。分权也可以是没有制约的。

分权如果没有制约那就是诸侯林立，集权如果没有制约那就是秦始皇，这两种状况都不是我们希望看到的。我们希望，不管是中央的权力大一点，还是地方的权力大一点，首先这种权力都是应该受制约的。如果没有受制约，光靠文件是很难打得开改革局面的。

现在搞企业的人必须对门槛问题有充分的认知。即使中国现在要放开很多领域，但因为竞争门槛已经很高了，很多行业没有足够多的资金根本就进不去，所以放开了其实也还是寡头竞争的局面，经济规律决定了有些领域必须是寡头竞争的。真正有意义的放是降低门槛，是对那些小微企业、个体户的放开，让更多的人能够参与经济活动，让更多的人能够有创业的机会。让他们把整个经济带活，让更多人就业，我觉得这是所谓放开的一个方面。对于怎么对待要素成本提高的问题，我觉得目前的状态下最应该忌讳的是劳方和资方都企图用政府的权力来压对方提高自己的筹码。各种要素的持有人自己的博弈、自己的谈判、自己的协商和形成的契约，才是最重要的。

改革中的企业家精神

嘉宾主持杨壮：在中国现今的企业经营环境下、在中国的改革过程中，挑战不断出现，面对中国的政治社会文化变迁以及价值观相对比较混乱的状况，企业家应该保持并发扬一种什么样的精神？而企业家精神在中国的人文环境下采用什么样的方式和方法才能真正在世界上发挥影响，特别是中国企业走出去的今天，在受到国外更大影响的今天。王瑛女士，你在文章中曾经呼吁过公民企业家概念，你能不能跟大家分享一下你的观点，企业家可以干什么，企业家绝对不能干什么。

王瑛：我想我们说的企业家都是指中国的企业家，我们经历了30多年的改革开放，民营企业从无到有，从小到大，如今在GDP和税收的贡献上占比都超过了一半。走到今天，我们大概都能看到中国企业家身上的创新、创造力和坚韧不拔，无论有什么样的困难他们都能克服，一门心思往前走，中国企业家是世界上最好的企业家之一。

2013 年对中国企业家阶层而言是非常重要的一年，因为在这一年里慢慢地形成了三点共识，在未来的五年、十年、十五年、二十年里，我非常相信下面说的这三点会越来越成为这个阶层的共识：中国的企业家们一定要把维护私有产权、保卫市场经济、建设法治国家当成是自己的担当和责任。这不仅仅是为了这个国家，为了这个民族，为了我们社会的进步，也是他们自己在保护他们自己，在保卫他们的后辈。

秦晖：人们在讲到企业家时就说他们是商人、是富人，但其实企业家是近代社会的特征之一。企业家和一般意义上的商人、富人有什么不同？比如说英文单词 Bourgeois，我们把它翻译成资产阶级，实际上它的原始词义是市民。欧洲中世纪的时候，国家由两部分人组成，一部分是主人也就是贵族，另一部分人是奴才就是农民。之后在这两者中产生了一种既不是主人也不是奴才的人，他不控制别人也不受别人所控制，这些人是谁？就是市民，所谓城市的空气使人自由，市民说穿了就是自由民。现在还有一个词，让大家糊里糊涂，就是中产阶级，中产阶级到底指的是什么？有人说是指中等收入者，但其实中产阶级的概念在西方出现的时候，根本就不是有关收入的，根本不是“你既不是最穷又不是最富那就是中产阶级”的意思。其实中间等级所谓的中间，不是指在穷人和富人中间，而是指在主人和奴才中间，指的是独立的个人既不是主人也不是奴才，既不剥夺别人的自由，自己的自由也不被别人剥夺，这些人是所谓的“中间等级”。这些人才是近代社会的栋梁，也是企业家精神的核心。也就是说这些人必须是有独立人格的。

在我们国家历史上商人和富人从来都不会少，可是他们有个很大的问题，就是都希望当“红顶商人”，这就是造成了他们往往过于依靠皇权。你是企业家你会希望皇上取缔工会，你是工人你就会希望皇上取缔商会，总而言之，大家都希望靠皇权来为自己争取利益。在阶层内部也是如此，我国古代的红顶商人有一个特征，他打压其他商人比任何人都厉害，红顶商人往往是其他商人的灾星。我们国家历史上搞灭商政策的主要代表人其实都是商人出身。

所以，如果真的要讲企业家精神是什么？我觉得除了富人、商人这些可以看得到的最皮相的特征之外，其实最核心的特征就是他既不做别人的主人也不做别人的奴才，他是一个堂堂正正独立的自由人。所谓的企业家就要具有这样的精神。

戚聿东：我希望我们的企业家能够在既定的环境和体制下把自己的企业做得更好一点、更快一点、更强一点、更久一点、更顽石一点。同时，也希望我们的企业家能够在力所能及的范围内对我们的体制改革和制度创新作出一些公益性的贡献。

汤珈铖：其实汤臣集团不能够说完全是一个中国大陆地区本土的民营企业，因为汤臣集团大概是在 20 世纪 80 年代末 90 年代初从香港来到上海浦东的，那个时候汤臣集团在香港是一个蛮大的企业，因为我父亲在邓小平发表“南方谈话”之后对中国大陆地区的政策有非常大的信心，而且上海浦东也是我们的故乡，于是他就把大量的资金投入在了上海的浦东。到现在为止，我们在上海已经投资了 20 多年，我们也越来越本土化。作为一个越来越本土化、民营化的港资企业来说，我们公司的理念是希望可以把最好的元素和良好的建筑、良好的质量带到每个城市，而公司管理的理念则是希望把一些现代化与本土化的理念互相结合，可以把这两方面的优点都呈现出来，这是我们现在希望可以做到的事情。

嘉宾主持杨壮：四位嘉宾他们的核心观点，我个人听了之后很受启示，他们在用自己的思维解读十八届三中全会，也与大家分享了十八届三中全会所制定出的政策应该如何及时落地，真正做到知行合一。我听到的是保卫市场、建立法治、反对垄断、制约权力，绝对不能官商一体。作为一个企业家，一定要有独立的人格，一定要勇于担当、强调公正公平，在制度和文化方面不断地创新，在一个不太健全的价值观体系的完善、改革过程中，能够真正做到发挥出一个企业家所应该具备的一种企业家的精神。这样的人才是我们所应该提倡的，这样我们中国的企业家才可能在不远的未来，不仅可以将企业做到更大而且做到更强，也可以受到世人的尊重！

第五篇

改革红利与牛市梦想

GAI GE HONG LI YU NIU SHI MENG XIANG

股市低迷六年，IPO（首次公开募股）暂停一年，资本市场应如何改革才能反映经济发展的成果，并且反哺经济发展？如何平衡股市投融资功能？如何推进资本市场的多元化发展？改革红利能否带来下一波大牛市？

经济涨股指不涨　理想离目标渐行渐远

吴晓求　中国人民大学金融与证券研究所所长

中国文化环境基因与资本市场不匹配

在经济理论的研究中，我个人认为处在皇冠上的是金融理论。最近几年来特别是 2013 年三位诺贝尔经济学奖得主都是金融理论领域的学者，可以看出，资本市场的领域非常大，并且具有不确定性。因为经济学主要是研究不确定性，这就会出现大量的模型和定价，大量的关于不确定性的解释。所谓经济学理论主要是对不确定性的解释，以及将不确定性用比较精确的模式加以定价和梳理。中国的资本市场也可以用经济学的理论来解释，虽然有时候真的是很难，因为按照有效市场理论来看，只要信息是对称的、充分的，资本市场的价格就能反映它背后的所有变量，也就是说这些价值都是合理的。除非这个资本市场是一个无效的市场，或者说是效率很弱的市场，市场的价格才会没有表现出应有的价值。中国经济这些年来虽然还有很多毛病、很多问题，也处在转型之中，但中国经济在向前发展是不能否认的事实。尤其自2008年金融危机以来的这五年中，从全球来看，中国经济的发展速度是最快的，虽然质量上有一些问题，包括环境的破坏和污染，产能的过剩等，但中国经济毕竟处在转型之中，而且也取得了7.5%左右的增长。从全球来看，没有几个国家能达到这样一个增长的速度。

可是我们的资本市场并没有对这样的情况作出基本的反应。上市公司的业绩总体上是增长的，但股市指数本身既不如宏观面的增长好，也不如上市公司总体的业绩增长好。中国资本市场非常不好的原因，可能是它的逻辑没有建立起来，没有建立一个从经济增长到市场发展的内在逻辑。以前，我是一个资本市场发展的乐观派，在很多场合都说资本市场是中国金融改革的重点场所，没有资本市场的发展，中国金融改革就没有方向，找不到重点了，为此我也呼吁推动整个资本市场的改革和发展。但是，到了今天，像我这样一个相对对这个市场抱有坚定信念的人有时候也在怀疑。这个坚定的信念随着时间的推移变得越来越动摇，心中的理想离现实的目标有一点渐行渐远。做研究一般要考虑背后的逻辑，有时候主观上希望好可是背后没有逻辑是好不起来的，所以逻辑是自然法则，有肥沃的土壤才会成长。如果土壤很贫瘠，再怎么希望成长也是很难的。以前我始终认为，要不了多长时间，比如说到2020年，中国资本市场就会蓬勃发展，会成为一个仅次于美国的市场——虽然还比不上美国的市场，但一定是仅次于美国的市场。但现在想一想，要达到这个目标还真的挺难的。

难在什么地方呢？我们不得不思考资本市场赖以存在的社会环境。资本市场的发展需要土壤、温度、水分、空气、阳光，光是满腔热忱还是不够的。这些土壤、温度、水分、空气、阳光，指的又是什么呢？资本市场是金融发展到一定阶段的比较高级的产物，和传统的商业银行相比，是一种金融的脱媒现象。这是一种巨大的进步，因为它实现了资金需求者和供给者的直接界面，极大地提升了资金的效率，降低了资金的成本，同时也带给投资者一个非常广阔的资产选择空间，使企业和资金需求者有一个充分的资金融资方式选择权，这都是它的优势。所以，资本市场的成长，需要和赖以存在的企业以及赖以存在的宏观经济保持一种非常好的良性互动。资本市场相比于传统的商业银行来说，是一种新的金融制度，而且这种金融制度的核心也是竞争。它是竞争文化的必然产物。没有一个竞争的社会环境、竞争的文化，它还真的难以成长。同时它还要求有足够的透明度，因为它要克服信息的不对称性。商业银行就没有解决好信息的对称性问题，有时候会使客户处于相对弱势的状态，无论是储户还是资金的提供者，又或是资金的需要者。所以我说资本市场也应具备足够的透明度以解决信息的对称性问题，从而使得投资者心里有数。

但在中国，透明度是不够的，而且也很难做到。与透明度紧密相关的还有社会信用和法制环境。中国的资本市场从一开始就充斥了一些劣质的东西，虽然我们主观上想过滤掉它，搞严格的 IPO 审核制度，目的就是希望能很好地过滤掉虚假信息，但因为整个社会环境不好，做假做得连专业的会计师事务所都查不出来——从源头上开始做假，不仅仅搞一个虚假的购销合同，连资金的往来都做得很详细。有时候不做净值调查，只看资金往来，一定会认为这是真实的，除非做特别深入的调查才会发现这是假的。

所以，资本市场需要自律、信用，要求信息是对称的、透明的、都是真实的，同时具备竞争性。这样才是一个能让市场起到决定性作用的机制。十八届三中全会要让市场在资源配置中起决定性的作用，这为资本市场未来的发展奠定了基础。

中国的资本市场为什么这么差？我不认为我们2007年的6100点是合理的，那里面有巨大的泡沫，但它也不至于永远在2100点左右浮动，无论怎么盈利都是那样。

由此我想，难道是我们这个社会的文化环境基因和资本市场不匹配吗？因为如果一个东西嫁接进来和整个社会的文化环境基因不匹配，那么它发展起来就会变得非常困难，它当然也可以发展，但需要漫长的时间。资本市场是市场经济发展到很高级程度的一个产物，与这种程度相比，我们的社会在制度环境、信息披露等方面可能还有很大的差距。要发展资本市场，要有一个长期的打算，千万别指望几年就可以把它搞成功，因为基因慢慢地蜕变是一个很缓慢的过程。

有一次，我说我们发展资本市场难道是在旱地里面种水稻吗？因为旱地里种水稻挺难的，要花费巨大的成本，要改造土壤，原来种麦子、高粱、玉米的土，不是不可以种水稻，而是要花很长的时间培育它。水稻很娇气，资本市场也是很娇气的，对环境要求很严苛。当然，中国不能没有资本市场，否则整个社会会缺乏一个合适的定价机制，而因此也会缺乏一个为社会提供多样化金融资产的机制。一旦发生那样的情况，我们这个社会就永远会沦落于天天买房子和炒房子。把房子作为最重要资产的国家一定是金融很落后的国家，因为没有提供流动性很好、货币性很好且有一定升值空间的金融资产，即使提供了大家也不信任。

所以从这个意义上说，没有资本市场的国家显然其金融体系是很落后的，因为它没有配置风险的机制。我们都知道金融最重要的功能已经从配置资源过渡到配置风险了。要配置资源，金融资产必须是可以流动、可以随机组合的，而其中最重要的是财富管理，显然这是需要资本市场做平台来展开的。随着我们一代又一代年轻人的成长，社会观念会发生重大的变化，因为年轻人对财富的理解和对风险的理解是完全不同的，他们可能更喜欢风险，只要有机会就可以承担相应的风险。老年人则说，我可以没有机会，但我不能有风险。这样一来，两代人在投资行为上和资产的组合上就有很大的差别了。我想，因为我们改革开放毕竟只有30多年的时间，所以整个金融体系还没有完全开放，等完全开放了，也许我们的群体和意识就开始具备了资本市场发展的一种很重要的基础。

这需要时间，面对这种情况，只能等着人口结构的变化可谓消极，事实上我们也可以采取适当的措施来改变这个环境，包括制度的改革、政策的调整、规则的修改等，因为这些也是环境的重要因素和变量。比如，进行制度的改革时，我们曾经有一种观念——防止市场下跌或者要让市场涨起来，就要把IPO停了，不再增新。但我认为从市场定价的角度来说，增新不会在很大程度上影响市场，因为市场可以做到合适的定价价值。我们的政策和制度在安排上有一个缺陷——重供给的增加。但我们的改革又很少谈到如果进行资金体制改革，如何让越来越多的人自愿地投入到市场的投资中来，包括我们对养老金的改革和所有基金的改革都是很落后的。所以我想说，供求关系变化会产生影响，但不是根本性的。我们必须要推动包括发行制度在内的一系列的改革。

《证券法》阻碍市场化改革

我们的发行制度包括了并购、重组和退市，这是中国资本市场规则体系里三个最重要的环节。十八届三中全会说的一句话非常重要，就是要推进股票发行制度的注册制，这为未来指明了方向。可是为什么不现在做呢？现在做就违法了，因为被《证券法》约束了。

过去，我们的《证券法》是规范市场的法律，到了今天却慢慢成为阻碍资本市场市场化改革的一个制度安排。因为有这样的《证券法》，我们目前只能在框架下做有限的改革，所以才有2013年年底的IPO发行制度新规的改革。你可以看到这次改革有很多重要的特点，比如说向注册制迈出了重要的一步。我本人是赞成注册制的，把发行权和定价权都交还给市场，我们的监管部门只查违规违法，相应的《刑法》条款也要进行大幅度修改。从这个方向来看，我想只有通过改革才能使市场发生变化。

我们要改变以往投资管理的理念，不要把资本市场看成是洪水猛兽，不要让资金集中在地方政府融资平台，或通过很多的渠道进入到所谓影子银行中，这都不好，会成为中国未来的巨大的金融风险所在。我们要扩大开放，让外部资金有序地进入到资本市场。改革的确很艰难，但并不是什么都不能做。我想中国资本市场未来的发展，只有通过改革开放才能完整，才会有很大的发展。

圆桌对话：资本市场的改革与创新

吴晓求 中国人民大学金融与证券研究所所长
贺　强 中央财经大学金融学院教授、证券期货研究所所长
潘向东 银河证券首席经济学家
周金涛 中信建投证券研究发展部董事总经理
桂浩明 申银万国证券研究所市场首席分析师、市场研究总监
嘉宾主持杨玲 北京市星石投资管理有限公司总裁

建立多层次的资本市场

嘉宾主持杨玲：十一届三中全会开始吹起改革的春风，而十八届三中全会则意味着改革进入深水区。我们很关心，改革落实到资本市场能够给资本市场带来什么？我们想听听来自高校的贺教授对此的看法。

贺强：十八届三中全会已经说得很明确了，完善多层次资本市场体

系，注册制发展职业融资。别看只有简单几句话，含义却非常深刻。比如说，多层次资本市场所包含的内容就非常广泛。这几年我们为了建立多层次资本市场做了很多的事情，2009 年我本人就提了一个全国政协委员提案，建议推出股指期货，其实这也是多层次资本市场的重要内容。2012 年，我提出要重新推出国债期货，中国的金融期货从此开始发展了。2013 年，我又提建议要推出股指期权。另外，我还建议推出优先股。我唯一连续提两年的提案是关于资本市场多层次的提案，要求建立全国统一的场外市场，这一点在 2012 年 9 月份，终于由国务院提了出来。这是继上海证券交易所、深圳证券交易所之后，第三家全国性的资本市场。为什么要力推场外市场？目的是为了解决中小企业的融资难问题。

多层次资本市场到底是什么？为什么要搞？首先，只有多层次资本市场才能满足不同层次企业的各种需求。其次，多层次的资本市场能增加中国资本市场运行的弹性，增强安全性。以前很多人以为在证券交易所市场也就是场内市场多搞一个板块就是多层次了，于是在主板外推出了中小板、创业板。但是中小板和创业板的条件表面上看起来低，实际上也是很高的。所以场内市场甭管是什么板块，共同的特点是门槛高、容量小。

我的观点是，要建立多层次资本市场，最重要的应该是建立场内与场外的多层次，而且我历来主张场内场外要建立联系机制。有了各个层次的联系机制，资本市场弹性才会增加，主板的退市难问题可能也就迎刃而解了。而且我建议，今后凡是上主板等场内市场前，首先都要上“新三板”(全国性非上市股份有限公司股权交易平台)，在新三板的股海里大浪淘沙，择优达到条件的再上主板，这样才不用审核，便于搞注册资本。

另外，不仅要场外和场内多层次，场外市场本身也要搞多层次，有了全国统一的新三板以后，还要大力发展区域性和券商柜台上的证券交易市场，也就是所谓四板。证券协会正在大力抓这件事情，而且发展也非常快。全国各地都搞了场外市场，场外市场像一片汪洋大海，可以更大范围地解决中小企业融资难的问题。以美国为例，实际上全美的证券交易在交易所进行的只有29%，而70%都是在规模更大的场外市场实现的。我一直认为交易所、场内市场是证券市场的核心，但它绝对不是证券的主体，核心与主体不是一回事，主体是范围更广阔的场外市场。而且随着场外市场发展壮大，它可以优先实行注册制，因为它对企业的要求最低，不需要盈利，甚至财务报告都不需要，没有财务的条件限制。而场内市场短期内还不具备条件进行注册制的条件，我们需要不断创造条件，等条件成熟了才能顺理成章地推出注册制。

新三版市场的快速发展，也给我们风险投资（VC）和私募股权投资（PE）提供了更广阔的空间。第一，场外市场给VC提供了最方便的通道。第二，场外市场为VC选择对象提供了方便，一个上新三板的企业，也是经过会计师事务所、律师事务所审查和把关的。所以，新三板的发展也会极大地推动我们VC和PE的发展，而VC直接向企业提供融资，这样雪球会越滚越大，在一定程度上可以解决中小企业融资难问题。

资本市场改革中的注册制与退市制度

嘉宾主持杨玲：建立多层次的资本市场是未来资本市场改革的一个方向。资本市场众多的改革中，有一个改革是我们做投资的人最关注的，那就是新股发行制度的改革。贺教授说现在新股发行还很难一下子过渡到注册制上，因为存在这样那样的问题，目前证监会提出的新股发行制度，朝市场化走了一大步，如果未来更多往市场化走了，是不是天量的融资需求就来了？对此，潘总您怎么看？

潘向东：首先新股发行制度的改革，它是向市场化的方向走的。但谈改革的时候不能单独看新股发行制度的改革，而是要把资本市场的整个改革放在一个大系统里面看，这样你就会对 IPO 注册制的推出没有任何的恐惧了。有关改革，可以从四个维度来理解，第一个维度是国家的、中国的改革，包括了经济、政治、社会、文化等各方面。在经济改革的过程中，十八届三中全会提出了“改革 60 条”。经济周期运行至目前的状况，不改革可能要面临增速下滑，而改革短期内则会使得传统产业出清，2013 年传统产业在资本市场上的表现已印证了这一观点。可以说，2013 年整个中国的方向其实就是改革的方向。

金融市场的改革包括了三个层面，分别是人民币国际化、利率市场化，以及建立多层次资本市场。为什么要建立多层次的资本市场？这是因为多层次的资本市场意味着多层次的融资途径。这可以减少 A 股市场融资的压力，但同时也可能导致 A 股市场资金的流出，因为资金可以投资其他的市场。总体而言，这对实业是偏利好的，因为有了多途径的融资通道。随着退市制度、“T＋0”制度的推出，这个市场有望逐步由一个投机的市场向投资的市场过渡。曾经有人问过我，道指不断地往上涨，而我们的 GDP 增速比美国强多了，为什么我们的股指上不去？从 1985 年到 2008 年，期间美国道指上市的企业 1.19 万家，退市的企业 1.28 万家，退市比上市还多。所以，中国不仅仅要有 IPO 注册制的推出，更要有相应的退市制度。这样一来，通过不断的改革包括“T＋0”制度的实行，未来中国资本市场的投资风格会出现大的转变，使得过去那个投机的市场慢慢往投资的市场走。当然，退市与增加供给可能在短期内会对 A 股市场造成影响，特别是对一些估值过高的成长类企业，冲击会比较大一些。

十年之内中国投资理念的主流是成长

嘉宾主持杨玲：有人说，分红是为了引来更多的分红。但还有另外一种声音，因为中国是新兴市场国家，在高增速期间，对投资者来讲最有利的不一定是分红，更重要的是未来的收益率、更高的业绩增速。周总，您怎么看？

周金涛：我更同意第二种观点。以我们做投资、卖方的角度，我认为中国资本市场制度的变化总体上对市场的影响还是偏中性的。如果将来上市不再是稀缺资源的话，那么，成长性就会成为真正稀缺的东西。我认为在中国的资本市场，分红一定不是投资理念的主流，投资理念的主流一定是成长，这是五年十年之内都不会改变的，因为中国毕竟是一个新兴市场。从这个角度来讲，我们应该更多地关注行业和某些上市公司的成长性。特别是有了制度的变化之后，对做投资来讲，这是最重要的议题。

改革机制的推进关键在手段

嘉宾主持杨玲：想问一个尖锐的问题。中国市场一向是做多市场，做空的机制在慢慢推，对机构投资者有约束，尽量往套保的方向，敞口太大也是有限制的。另外，我们提到了期权也在陆续地推出，还有人在倡导要趁早推出“T+0”制度。我们改革的方向是更倾向于引入价值投资者，尽量在投机性市场进行价值投资或者是以业绩为导向。所以，更多的做空或者是推出“T+0”制度是改革的方向吗？还是说这些会阻碍投机市场向投资市场过渡？

桂浩明： 这个问题比较尖锐，谈到了“T+0”。人们以前就对这个问题非常警惕，提议出来以后反对的意见很多，这确实是有争议的。但我在想，实际上“T+0”和“T+1”本身都是公平的，应该说对任何投资者而言都是一样的。你可以用“T+0”来锁定风险，也可以用“T+1”来增加慎重性，但这只是手段，其本身不是股市涨或跌的原因。沪深交易所成立的时候我们也搞过“T+3”，后来搞了“T+0”，但之后又把“T+0”取消了。几次反复，但没有哪一次是因为“T+0”或者“T+1”有问题才取消，我想主要是手段问题。

券商现在发现最棘手的问题是，我们的投资市场基础在慢慢地丧失，普通投资者在不断地离开这个市场，因为没有财富效应。在这种情况下推出的很多措施对他们来说可能是不利的。虽然大家都非常期待改革，但客观而言，很多改革到底能不能从根本上解决问题，抑或只是在做修饰而已，得打个问号。比如说，分红与不分红，理论上是应该由上市公司的股东大会来决定的。针对成长性企业，投资是通过股价不断上升来获取收益的。分红后股价上不去，因为还有税收的原因。所以，改革不要仅仅停留在皮毛的层面。

关于股市三高（高发行价、高市盈率和高超募额）的问题，如果是纯粹的市场行为，就应该承认风险，现在发行价高出25%就要停，这个制度是不是市场化的制度？如果这就是改革，那恐怕还只是停留在改革的低层面。这也许对我们遏制三高、提升大家的理性投资是有好处的，但我不认为这是可持续的。资本市场还需要从根本上解决融资本位的问题。对投资者利益的保护要建立在尊重投资者的选择上，同时让他的选择建立在信息公开、公平、公正的基础上。至于说其他的，比如涨多少，就不应该管。

改革需深化，一二级市场可直接对接

嘉宾主持杨玲： 今天很荣幸能够跟贺老师一起讨论这个话题，也请您跟大家分享一下，下一步资本市场的改革会有哪些先行推进？您下一次的提案，大概是哪个方向的？

贺强： 2008 年开始，我递交了大量有关资本市场的提案，通过率还比较高。2014 年的提案我还没有考虑，也没有列入工作重点，因为 2013 年资本市场改革的内容太多了，短期内还消化不了。

甭管资本市场怎么改革，首先，我们不能从自己的利益角度出发来判断怎么改革或者说改革对不对，一定要理性思考。其次，对资本市场要有全面系统的了解。光从一个资本市场的局部考虑改革是不行的，要放在整个资本市场的系统里再考虑局部，这样改革才能顺理成章。另外，媒体上、网络上对资本市场的讨论非常多，但是我要提醒一句，这些人是否真正了解资本市场？很多人连股票都没有炒过就在发表意见，而且意见很尖锐。

本人是一个投资者，所以我的建议和提案都有一个根本立场，就是站在股市广大的老百姓的基础上去分析和讨论。未来资本市场的改革可能还有很多方面，但是我觉得把这两年的措施好好实践，在实践中发现问题、解决问题，仅这些内容可能就够做好几年了。

当然，我也有不同的看法。前些年 IPO 改革越改越不合理，越改革问题越多，这是因为 IPO 制度越改革，变得越复杂。股票市场最基本的特点是什么？透明、高效。透明是信息制度的问题，高效是市场效率的问题。越透明、越高效、越公平，配置资源的效力越高。怎么做到这些呢？资本市场特别是股票市场的相关的监管、规定越简单化越合理，越复杂化在实践中问题越多。李克强总理上台后说要把1700项行政审批的项目取消600多项，这才是真正放权、真正市场化。十八届三中全会传达的精神是，要充分相信市场。所以关于IPO改革，我有一个提案，就是把一二级市场直接对接。用二级市场价格波动的力量，抑制一级市场的发行价格，这比找几个人询价科学合理得多，因为后者会涉及一定的利益关系。

2014年资本市场走势预测

嘉宾主持杨玲：那我们这些二级市场的买方投资者就大快人心了。现在有一些主流的观点对2014年资本市场走势基本持乐观态度，潘总，您觉得呢？

潘向东：首先要对改革采用什么样的方式有一个判断，才能对我们的经济和资本市场作判断。每一次改革之所以难，主要是因为随之而来的是对过去的生产方式的破坏，带来了矛盾，对社会和经济都产生了强烈的冲击。

所以，2013年的中央经济工作会议和十八届三中全会都在提稳中求进。既然是稳中求进，就意味着采用渐进式的方式改革。渐进式的改革就是反反复复看效果，那么2014年的经济回落也不会多。改革措施会推出来一些，但不会是大家所希望的全方位。资本市场也是一样，面临着不断地缓慢出清的过程。

2014年，我们的改革会继续推行，但是一个缓慢的过程，资本市场会由一个投机性市场向投资性市场过渡，但不是一下子到位的。从整个资本市场建设的角度来看，只要我们最终能建成、只要是朝市场化的方向在演进，就是令人欣慰的。

我一般从四个维度去看资本市场。

第一，看企业的业绩就是宏观经济，是向上还是向下走。假如说向下走，周期和其他方面就会出现问题。李克强总理在总工会的发言中讲道，人力资源和社会保障部曾经给国务院递交了一份研究材料，说我们在7.2%的经济增速水平下，城镇居民失业率维持在4%左右，国民经济不会出问题。在7.0%到7.5%之间的增速，都是可以承受的。

第二，看流动性的问题，不仅仅是看宏观经济大环境的，更多要看到A股市场的问题。QE（量化宽松政策）是要退出的，这对新兴市场没有什么好处。一旦QE退出，伴随的是美元贬值的过程。

第三，我建议国家应该实施稳中偏松一点的货币政策。很多人说我们需要去杠杆，其实我们整体来说是不需要去杠杆的。只有我们的房地产领域和一些产能过剩的行业是需要去杠杆的，而且得补充到其他的领域，总体要维持稳定。在未来，决策当局应该意识到，总体而言，货币政策应该是稳中偏宽松的，因为现在通货膨胀的压力不是特别大。

第四个方面，针对资本市场本身的政策，虽然有诸多创新，但都是偏中性的，有好有坏。最终受市场情绪的影响，市场情绪影响涨跌起伏。

个人认为总体而言，2014年的资本市场是偏谨慎的。

贺强： 我赞同潘总的观点，我们会继续实施积极的财政政策、货币政策，不松不紧。

嘉宾主持杨玲： 桂总，前面几位的观点，有相对谨慎的，有相对乐观的，您怎么看？

桂浩明： 2014年的GDP增长率，我认为就是七上八下，比七高一点比八低一点。我们研究过7%和7.5%有什么区别，答案是没有区别。如果定7.5%，货币政策也不可能有多宽松。总之，货币政策会不松也不紧，利用这个时点我们可以重塑力量来调结构。而2014年的股市，则面临着比较大的改革。2013 年股市实际上是隐而不发，股市指数在一个区间波动，属于结构性的行情。股市要出牛市一定得有两个条件：上市公司业绩充分好，流动性充分多，很明显 2014 年这两个条件都不具备。

反过来股市是不是会大跌呢？现在上证指数处于十几年前的位置，十年涨幅为零，应该说指数起伏空间是不大的。但这并不意味着 2014 年没有机会，大的方面我们要增进结构性调整，这意味着我们有一些行业还会有更多的发展，当然也有一些行业会主要调整或者说会被冷落。2013 年所出现的周期性行业相对偏弱、新兴行业相对偏强这本身是市场的选择，有其合理性。政府希望政策导向来发展经济，如果是符合方向、符合规律的行业，是不是会得到市场资金的支持，资本市场会不会对它作出有机的调整？这是我们投资股市的一个思考逻辑。

我们应当承认股市中的资金是紧缺的。银行虽说业绩不错，但都是没有钱的。我们没有可支付能力的需求。2014 年会不会变呢？我想面对这么高的年收益率恐怕很难。因为现在很多资金一看市场上有年化收益率达8%甚至是更高的安全理财产品，就纷纷购买，所以目前股市资金是很缺乏的，2014 年的资金面状况我们也是很难想象的。在这种情况下，即便有很高的投资价值，也难有好的表现，恐怕更多的机会还是集中在中小型的企业，也就是成长型、符合改革和产业结构调整的企业身上。2014 年市场运行的特征，和 2013 年相比不会有太多的变化，我们可以吸引更多的资金进入资本市场，我想这是一个良好的局面。现在来看，2014 年的市场恐怕在指数上，特别是在综合指数上不会给大家带来太多惊喜，我们还是应该把更多的注意力投向结构性的调整和板块集中。

2014年资本市场的投资机会

嘉宾主持杨玲：现在也请各位给大家点明一下，2014 年如果想在资本市场玩，机会在哪儿？

贺强：龙年龙市，蛇年蛇市，2014 年是马年，那么就是马市。也许万马奔腾，也许马失前蹄。

嘉宾主持杨玲：我们可以在二级市场找机会。

贺强：我目前还没有看到牛市的端倪。

潘向东：说到资本市场我定了八个字，前面四个字叫做缓慢出清，这是针对宏观经济的。还有四个字就是安全至上，这又包括了两层含义。第一层含义是大量资产配置的时候要考虑到安全性。第二层含义是在 A 股市场的结构性方面可以考虑与安全相关的。这其中包括了三个维度：第一个维度是食品安全包括生态农业；第二个维度是生产环境安全，雾霾不仅仅是在北京有，深圳隔了这么远也出现了，所以环境安全也是一个重点；第三个维度是国家安全，十八届三中全会后国家安全委员会成立了，包括国防以及国内的安全提高到了空前的高度，这也是发展本身的需要。所以我提出了一个“安全至上”，这是我对 A 股市场的看法。

嘉宾主持杨玲：也就是说 2014 年，与安全相关的板块比如军工、信息技术、环保等可以投资。

周金涛：2014 年上半年，前期已经在推荐的比如水泥这类行业会有机会。此外，2013 年的结构性机会更多是主题板块的，2014 年会有更多主题向主导产业的转化，成长肯定是收敛的，不会像 2013 年那么粗暴式的成长。

嘉宾主持杨玲：我是不是可以理解为，是由主题向主导、向业绩转移。

周金涛：是向业绩提升转移。

桂浩明：第一，既然2014年被定位为全面深化改革，那么资本市场的改革必然少不了。加之2013年的中央城镇化会议提出了“三横两纵”，提到了各地的城市群建设，所以我们在改革的城市中还是能找到不少的机会的。第二，互联网与实体经济的结合日益紧密，由此产生的成长可能是更具有爆发力的。另外，2013年的债券市场很差，2014年上半年也很难有好的起色，但2014年利率上升到一定的阶段，也就是说债券跌到一定阶段的时候，也可能引发比较好的市场收益，特别是现在也有了债券和国债期货，所以股票与债券都值得关注。

第六篇

自贸区启动基层创新

ZI MAO QU QI DONG JI CENG
CHUANG XIN

新的改革顶层设计未定，基层创新先行。上海自贸区的建设，似乎重回先试点、后推广的改革逻辑。自贸区的自由和开放程度究竟能有多大？它会起到以地区试点带动全国开放的作用吗？自贸区敢为天下先，要政策还是要改革，是其他地区依然要面对的问题。

上海自贸区的双重意义

龙永图　博鳌亚洲论坛咨询委员会委员

十八届三中全会曾就对外开放有过三个重要的论述，其中两节谈到了自贸区。关于自贸区，应该说有两个方面的含义，一个是对内的，另一个是对外的。从第一个层面来讲，是要在中国建立上海自由贸易试验区，并在条件具备的时候推广到其他地区，这是对内的概念。对外的概念则是指在世界贸易体制的规则框架之下，加快实施自贸区战略。所以关于自贸区的问题，我觉得应该同时关注两个层面，不能仅关注上海这20多平方公里[①]所发生的事情，否则，对自贸区这样一个大的国家战略的理解就太狭隘了一点。

① 中国（上海）自由贸易试验区的范围涵盖了上海市外高桥保税区（核心）、外高桥保税物流园区、洋山保税港区和上海浦东机场综合保税区等4个海关特殊监管区域，总面积28.78平方公里。——编者注

推动贸易便利化是上海自贸区的重要议题

在一个国家的内部建立自贸区，这个概念最初于 1973 年由海关合作理事会提出，当时提到了一个国家可以拿出自己的一部分领土，不实施正常的海关监管制度。也就是说一个国家划出一块地来，实施一套特殊的海关监管制度，这就是后来大家所熟悉的保税区、出口加工区、保税园区、保税港区、综合保税区，等等。现在保税区的概念已经突破了原有的概念，扩展到投资和服务贸易的领域。这就像当年关贸总协定部长级会议在乌拉圭召开以后，为达成服务贸易总协定而扩大服务贸易领域和投资领域一样。所以关于上海自贸区的问题，我觉得现在大家的解读和关注点太多了一点。我认为，现在如果要谈上海自贸区，首先要关注贸易便利化的问题。

上海自贸区是在原来 4 个保税区的基础上建立起来的，所以从建立上海自贸区的本意来讲，首先要关注的就是，怎样在上海自贸区里面推行贸易便利化的问题。中国不仅是一个制造业大国，也是一个出口大国，实现和推动贸易便利化，对中国这样一个制造业大国和出口大国而言具有重大的意义。从某种意义上来讲，中国的制造业和出口贸易是中国对外开放的基础，中国不能离开这样一个基础。要正本清源，从基础上来讲，还是要推进贸易便利化。中国的发展阶段也决定了我们现在必须把贸易便利化当成一个大问题来解决。从物流成本来讲，中国的整个社会物流总费用在 GDP 的占比已经超过 18%，远高全球平均水平的 8%。这就说明，中国在降低物流费用方面还有极大的空间。中国的外贸企业现在在出口方面遇到了相当多的困难，比如，贸易成本增加、竞争力降低等问题。在这种情况下，如果能够加快推进贸易便利化，我们就可以大大减少制造业的成本，也减少出口贸易的成本。所以在贸易便利化的问题上，我们应该在海关监管、检验检疫、出口退税、跨境支付、物流支持等一系列的政策和有关部门的支持之下，降低出口成本，增强中国在全球国际贸易当中的竞争能力。所以贸易便利化对于中国这样一个制造业大国和出口大国起着基础性的作用。

上海自贸区的第一个功能就是对内的功能，让它先行先试，然后在全国复制推广。现在全国很多地方都在准备搞自贸区，这是非常好的事情，对扩大对外开放有很大的作用。在建立新的自贸区方面，我希望全国各地准备建立自贸区的地区，能够把重心放在怎么促进贸易便利化的问题上，重点关注怎样突显我们的制造业优势，减低我们制造业的制造成本和提高我们的出口附加值。我觉得这一点对于我们整个国家是非常重要的。

我们之所以建立这样一个以促进贸易便利化为主要功能的地区，也是为了适应全球贸易规则的发展。大家知道，2013 年 12 月 7 日，世界贸易组织第九届部长级会议在印度尼西亚巴厘岛召开，本次会议上，多哈回合谈判长达 12 年的僵局终获历史性突破，达成了“巴厘一揽子协定”。这个协议的核心问题是贸易便利化，在贸易便利这样一个重大问题上，发达国家和发展中国家取得了重要的共识。《巴厘部长宣言》的主要内容就是通过削减不必要的文件、费用和程序来简化海关手续。因为从发展中国家的经验来看，目前通关的效率低、费用高，这使整个发展中国家贸易成本增大，而且是整个贸易过程中最具不确定性的障碍。可以说贸易便利化的问题不解决，整个通关手续的成本不降低，国际贸易最重要的问题之一就解决不了。为什么“关贸总协定”长期以来要解决降低关税的问题，解决一个看得见的贸易壁垒，因为没有一个国家的关税水平是可以确定的。而推进贸易便利化，则是要解决一个看不见的贸易壁垒。因为延迟通关的时间、提高通关的成本，是最不确定、最不透明的贸易壁垒，贸易便利化就是要戳破这层纸，面对这个最具不确定性的贸易壁垒。这就是为什么“巴厘一揽子协定”达成以后，我们的专家认为，如果真正能够实施“巴厘一揽子协定”，这些措施可以为全球的经济带来每年 1 万亿美元的价值，并创造大量的就业机会。因此，对于失业率高和经济放缓的国家来讲，“巴厘一揽子协定”能对经济增长起到巨大的推动作用，这是非常重要的。也有专家认为，如果能真正实现“巴厘一揽子协定”，中国可以增加大概 2800 亿美元的出口额。

所有这些都说明，在上海自贸区实现贸易便利化对一些看不见的领域有着重大意义。并且，如果将上海自贸区所推行的这些贸易便利化措施推广到其他地区，将对中国的制造业和出口贸易带来巨大的变化和深刻的影响。这就是我今天发言的第一个观点：我们需要重视贸易便利化所带来的重大机遇。除此之外，我们还要克服国际贸易的非关税壁垒，这个最不透明、影响最大的贸易壁垒。

在世界贸易组织的规则框架之下，加强实施自贸区战略

现在中国正在和许多国家进行双边、多边区域的自由贸易协定谈判，而且已经签订了一些贸易协议。十八届三中全会提出要加强这种贸易协定谈判工作，2013 年中央经济工作会议也再次强调了这一点。关于对外自由贸易协定的谈判问题，十八届三中全会的文件提出，要以加强周边的自由贸易区为基础，加快实施自贸区战略。推行周边的自贸区战略极为重要，我国和东盟的自贸区协定已经达成，而且正在积极实施当中。现在值得大家关注的就是中国、日本、韩国的自贸区谈判。东盟国家人口比较少，总共约 5 亿人口，贸易量不是很大，但是中国、日本、

韩国的贸易量加起来，就占到了亚洲总量的80%。因此落实中日韩自由贸易区协议的谈判，是我们当前面临的一个十分关键的环节。众所周知，中日韩自贸协议难以达成除了技术上的原因以外，还有政治和外交上的原因，我们要有相当大的耐心和政治力度来推动中日韩自贸区的谈判。

在经历了两次世界大战以后，法国和德国这两个冤家对头通过欧洲共同体的谈判和建设，解决了历史恩怨，结成了经济和政治上的伙伴关系，而且某种意义上也是政治上的盟友。既然德国和法国能做到，我想中国和日本、韩国也应该能做到。我们应该加快中日韩世界贸易区的谈判，并且在谈判当中推动中日韩三国之间的政治和外交关系，克服目前所面临的一些困难。中日韩结成友好的关系，克服工作困难是历史的大势所趋，也是三国人民的共同利益所在。我希望我们的贸易谈判者能够在这样一个最重要的历史关头，发挥积极作用。

十八届三中全会在讲到自贸区问题的时候，提出了要形成面向全球的、高标准的自贸区。我想所谓高标准的自贸区主要是指目前以美国为代表的12个国家所推动的“跨太平洋伙伴关系协议”，就是大家所说的TPP。TPP确实是一个高标准的自由贸易协定。中国经历了15年谈判，终于赢得了加入世界贸易组织这样一个历史机遇，但如今，我们需要在推动全球的自由贸易，以及推动中国国力的改革方面再向前一步。所以我觉得对于TPP的问题我们不应该回避，更不应该采取对立的态度。因为中国作为一个环太平洋大国，这样的投资贸易协定没有中国参加是不可想象的，就像当年的世界贸易组织没有中国参加，就称不上是世界贸易组织，没有中国这样一个环太平洋大国参加的TPP，同样称不上真正的TPP。美国和其他一些TPP成员也应该了解这一点。我曾经当面问过一些美国高层的贸易代表，他们表示美国从来无意要把中国排除在

TPP之外。我们同样要做好准备，以参与包括像TPP这样的高水平、高质量的自贸区的谈判。有一些议题实际上在十八届三中全会的文件中也已指出了，比如环境保护、投资保护、政府采购，以及电子商务等，这些也正是TPP这样一些高质量的自贸区谈判会涉及到的重大议题，对于所有这些新的议题我们不能回避。比如，关于环境保护的问题。最近几年的雾霾天气和其他环境问题引起的压力，使得我们进一步感到在保护环境的重大议题上，我们应该和国际上的一些主流观点逐步靠近。就像当年关于保护知识产权的谈判一样，我们保护知识产权不光是为了保护西方国家一些企业的知识产权，更是为了在中国创造一个创新的条件，保护我们中国人自己的知识产权。我们保护环境绝对不是因为外国人对我们施加的压力，从根本上来说，这是为了保护我们中国的环境，保护我们中国广大人民的利益。

从这些方面来看，我们应该反思我们在很多问题上的立场，我们需要重新确立我们的立场，再来参与这些看起来十分困难的新议题的谈判。一旦我们在观念上有了新的转变，在思想上有了新的解放，我相信我们在参与高质量自贸区的谈判时，所受到的阻力和压力就会小很多。这就像我们当年加入世界贸易组织一样，看起来我们承受着巨大的压力，有很多不可逾越的困难和障碍需要克服。但是事情过去以后再回头看，会发现这些都是我们应该做的，我们也做到了，并且我们还赢得了“入世”后的黄金十年。历史的经验告诉我们，在国际贸易谈判当中，对于一些新的议题，我们也要从全球视野和中国中长期发展的角度出发，如此我们才能克服障碍，解放思想，转变观念。只有这样，我们才能够从当年通过加入世界贸易组织的经验当中取得新的动力，加快我们在新国际贸易规则体系之下的自贸区谈判。只有这样，我们才能够以谈判作为新的动力，以加入高质量自贸区作为冲力，进一步加快国内的改革，再一次实现以开放促改革这样一个巨大的历史进程。

上海自贸区对我们来讲主要有这样几个重要的意义：对内，像贸易便利化这样一些能够为中国制造业和中国出口贸易带来巨大利益的措施，应该先行先试，复制推广。对外，要先行准备，掌握主动，从现在起，我们就要参加一批高质量的自贸区谈判，先行做好准备。像环境保护、投资保护、政府采购、电子商务等这样一些重大的新议题和新措施，我们可以在上海自贸区先做起来。只有这样，我们才可能在发展十分迅速的全球贸易规则体制的谈判和变化当中掌握主动权。只有掌握了主动权，我们在全球化当中才有可能趋利避害；也只有掌握主动权，我们才有可能在全球新的贸易规则发生大变化，在全球经济大格局发生深刻变化的过程当中掌握主动权，这将有利于中国的改革开放和发展。

圆桌对话：自贸区如何影响中国

龙永图　博鳌亚洲论坛咨询委员会委员

丁一凡　国务院发展研究中心世界发展研究所副所长

张　军　复旦大学中国经济研究中心主任

郭田勇　中央财经大学中国银行业研究中心主任

刘胜军　中欧陆家嘴国际金融研究院副院长

嘉宾主持马宇　商务部研究院外资部主任

上海自贸区变成了金融实验区

嘉宾主持马宇：如果我们要在 2013 年的经济领域数 5 个热词的话，其中一定会有“自贸区”。自从 2013 年年初李克强总理到上海视察的时候提到了自贸区，这个话题基本上热了一整年。我听说在上海很多卖菜的大妈都想到自贸区去注册一家企业。很多网友问，我是不是可以在那里随便打开全世界的各种网站?

我们在这里可能不会谈得那么宽泛，但是可能会谈得比较专业，因为在座的几位专家对无论是国际的还是国内的自贸区建设都有着非常深的了解。我想先问一下几位专家，上海自贸区已于 2013 年 9 月 29 日正式挂牌，各个领域的大体方案也已经有了一个雏形，不知道各位对上海自贸区的运行有什么观感？是不是达到了你们的预期?

张军：很多人对自贸区挂牌后两个多月的进展情况不满意，一直等到中国人民银行支持自贸区建设的“金融 30 条”出来，大家才基本上松了一口气。现在自贸区非常热闹，接待大厅每天都有好几万的人流量，大部分都是来咨询的。

目前的状况就是，大家对自贸区的期望以及对其的想象可以说是差不多已经到了一个峰值，因为“金融 30 条”出来以后，大家基本上知道接下来应该做什么、可做的事情大概是哪些，现在也已经有了一些项目。实际上，自贸区这个概念一开始是被热炒的，所有跟自贸区有关的股票都在涨。“金融 30 条”出来以后，慢慢进入一个所谓的高原区，会有一个比较平稳的状况，这个热度也会慢慢降下来。

上海自贸区，其实跟贸易没有太大的关系，它基本上变成了一个金融的实验区。之所以在业界和民间引起这么大的关注，我想其实不是因为贸易投资便利化，而是因为金融方面的原因，大家很想知道在自贸区里，人民币能不能自由兑换、海外的人民币能不能进入我们的资金池、能不能有香港直通车、能不能去炒国外的股票……大家关心的是这些。

上海自贸区的焦点是金融自由化

嘉宾主持马宇：不知道大家有没有注意到，自贸区建设这个方案的制定过程很奇怪？一开始说这是一个国家的战略，包括十八届三中全会谈到自贸区建设的时候，也是把这个问题作为一个国家战略在谈，说到上海自贸区，我们说这是国家战略的一部分，不是地方的。并且这里面涉及到非常多的问题，包括市场准入、投资管理体制改革以及其他领域的改革、金融开放等，这些问题地方政府是很难操作的。但这个方案最后却是上海市政府制定的，而国家有关的主管部门，包括国家商务部和国家发改委只是作为这个方案制定的指导和支持单位，这是一个很奇怪的现象。我想问一下丁所长，在谈到一个具体战略问题的时候，应该怎样处理基础创新和顶层设计之间的关系？

丁一凡：自贸区建设最开始是一个国家的战略，中国建立自贸区，有对内和对外的双重含义，实际上要做很多的准备，尤其是在参加未来的国际自由贸易谈判方面要做很多准备，所以，金融自由化实际上是上海自贸区的焦点。用“自由贸易区”这个词也是最后一刻才决定的，一开始想了好几个名字，最后领导才拍板叫“自由贸易区”。

自贸区的一大功能就是促进贸易的便利化，包括程序上的便利化。虽然中国现在已经是世界上最大的贸易国和进出口国，但是我们的贸易结算有很多不是在中国结算，而是在境外结算。所以我们才考虑，是不是在上海建这样一个地方，贸易的事情都在中国自己境内就可以完全解决了。这样，一方面可以更促进贸易的结算，另一方面，也使得我们整个国际贸易的周转过程能够完全在境内实现。但是事情做起来之后，有一个很大的问题就是金融自由化怎么控制，如何才能控制，最后决定把这个权利交给上海市政府。中央的这些经济机构、主管机构只是参与意见，不直接去管这个事。

实际上到现在为止，一个最大的问题就是，因为是由上海市政府来做这个规划，他们就觉得压力特别大。因为这是一个中央的计划，但是交由上海市来做，万一出了事的话怎么办？责任谁来担？上海市觉得如果这个责任将来要担起来会很严重，所以在出负面清单的时候，就把现在所有审批的东西都列上去了，条目非常多，但最后又觉得如果真这样做的话，好像不能显现出负面清单的作用。

嘉宾主持马宇：但是据我所知，好像有很多部门对这个负面清单非常不满意，市场方面认为内容太多了，但是很多部委却表示自己这里还有一些内容没有列入。据说最后只好把各部委的内容都划进来，多达上万项。现在负面清单里面光管制措施就有 190 条。

丁一凡：最关键的问题还是最后谁来负责。上海市政府非常担心这件事情，如果不一一列上去，将来某一个领域、某一个方面的投资出现问题，责任到底归谁？因为上海自贸区，到底是上海的还是中央的，这个定位不太清晰，谁决策、谁担责这个问题好像也不是那么清楚，所以使得整个规则到现在为止还不太明晰。由于不确定因素太多，就让这个本来很容易做的事情，现在却变得十分棘手。

贸易自由化应该贯穿金融改革

嘉宾主持马宇：自贸区建设要求金融开放，要先行先试。不管是监管部门还是我们的银行，或者说金融机构，他们是怎么看待自贸区建设的？

郭田勇：自贸区的核心功能应该是贸易便利化，通过降低关税、减少贸易壁垒这样一些政策，促进便利化。但中国的公众、媒体等各方都盯着的是自贸区的金融改革，我想这里面恐怕是有它的原因的。比如美国搞 TPP，这些国家在谈判的时候，很少有人关注到它们金融方面的政策调整。包括周边的日本、韩国、新加坡，也都不存在利率市场化、资本账户管制等问题，因为它们已经是市场化的国家了，所以它们在参与TPP的时候，只要把贸易中的关税问题谈拢就好。而中国处在一个金融发展比较滞后的阶段，金融发展一直是社会各界关注的重点。

从理论上来讲，要促进贸易和投资的便利化，有一个好的金融环境是必须的。比如企业进出口的时候能不能自由地用各种货币进行贸易结算？我们在投资的时候，钱能不能自由地进出？如果从贸易便利化这个角度来看，金融自由化也应该是金融改革的题中应有之义。由于有些改革要在相关主导部门的指导下进行，这使得改革存在两个方面的难题：一方面不排除有些部门不愿意放权，想维护自己的利益；另外一方面，一些部门认为放权以后，风险比较大，相关事项出了问题责任要归到他们的身上，这样一来，他们做起事来就会比较被动。金融改革当中还有一个问题比较重要，上海自贸区跟香港不一样、跟保税区不一样，它不是一个独立的地理概念。举一个简单的例子，如果把上海自贸区内的资本账户放开管制，境外所有的资金通过进入上海自贸区，马上就可以再进入到中国非自贸区的其他地区，那就等于整个中国的资本账户全都放开了。所以说，我们的管理层在制定政策的时候，他的确要前思后想，怎么样既给上海自贸区一些相应的金融开放的政策，推动它的贸易投资便利化，同样又不使这些政策对国内非自贸区的其他地区带来比较大的冲击。

2013年年底，中国人民银行出了份文件，将资本账户大概分成了特别账户、自贸区账户和还是要进行资金管制的区外账户，希望把自贸区和区外的其他地方从货币来往上隔离开，但又能够把自贸区的货币环境真正跟国际接轨。我们现在的改革确实比较错综复杂，既要推动自由贸易和金融改革，又要防范风险，要极力在这里面找到一种妥协的平衡。

上海自贸区要从基础做起

嘉宾主持马宇：搞政策设计确实非常难，要考虑到发展，又要考虑到稳定。那么，在搞贸易便利化的过程中，这会对我们国家的管理体制造成什么样的触动？

龙永图：上海自贸区如果能解决贸易便利化的问题，便解决了中国很大的一个问题。现在有很多理论家，认为出口对中国 GDP 的增长是一些负贡献，这都是一些荒谬的说法。美国在经历了金融危机以后，最后得出两个结论：一是要重整制造业，二是要搞出口倍增计划。对于一个国家来讲，没有自己的实体经济，没有自己的出口，在全球化当中难以有地位！

对于上海自贸区，大家要正本清源，谈一点基础的东西，不要充分发挥想象力。我们在“入世”谈判当中谈的最艰难的部分就是金融自由化的问题，一个仅 20 多平方公里的上海自贸区又怎么能够解决这么大的问题呢？确实是在为难他们。我们要把这个事情搞清楚，免得大家给予上海自贸区太多它不可承受的东西。自贸区搞贸易便利化就是为了试验出一些能操作的做法，最后在国内推广开来，这会对我们中国经济的发展有很大的促进。

如果把贸易便利化作为上海自贸区的核心问题来解决的话，实际上我们回到了一些可操作的层面，真正在探讨一些基本内容。说实话，真正受到改革冲击的是政府。我在十几年前讲到中国“入世”的时候，说“入世”对企业没有什么冲击，更多的是对政府的冲击。所以，在谈上海自贸区的时候，我们首先要把海关、商检部门、财政部门等在做事时会拿出什么措施作为主要问题来解决。2013 年达成的“巴厘一揽子协定”中，关于促进贸易便利化的措施，我们首先也会在上海先实施，试几个月看看有什么问题，再来考虑全国性的实施细则。

金融自由化得由我们中国的高层决策来解决，不是大家乱哄哄的吵闹就可以解决的。大家要用更加实际、可操作的态度，来解读上海自贸区，使上海自贸区回归到最后让大家都感到很满意，实行起来非常成功这样一个平台，而不是最后把上海自贸区变成一个泡沫。当然我也不懂金融，在座的金融专家很多，如果谁能在 20 多平方公里里解决中国金融自由化的问题，我觉得应该给他颁诺贝尔奖。

关于上海自贸区，我们的目标是要建成贸易便利化、投资自由化、符合国际最新标准的经济贸易体制规则的高标准的自由贸易区。中国既然是全球的第二大经济体，我们的经济必须是高标准的，不然我们只是一个经济大国，而不是经济强国。

参加自贸区谈判的很多同志说现在谈判难得很。难在哪儿？我们和阿拉伯国家的一个自由贸易区的谈判，几个石油化工产品的税号问题，就可以阻止双方自由贸易协定的签订。所以，不打破一些障碍，不接受高标准的国际经贸规则，我们是不可能赢得新的对外开放的局面的。中央为什么要加快自贸区谈判的进程？就是要通过开放来推动改革。

关于上海自贸区，我希望我们从一些能做的基础做起。我在政府里面干过，我知道，舆论需要理性的声音，要讲真话，还是要把一些真实的情况搞清楚。哪个问题由哪一层解决，这是国家体制决定的。比如说海关便利化的问题，上海市的海关如果请示海关总署，海关总署必须要有新的海关监管数据马上出来，这些都不是伤筋动骨的东西，只是一个局部的体制调整，是地方政府可以做的。比如商检，该减少哪些费用？哪些费用可以免掉？这点上海市商检在上海市政府的支持下也可以搞。比如跨境支付的问题，一笔笔的交易在监管的层面下进行，结算中心的问题就解决得很好。这些东西地方能做，你得让他做，中央也会认可，最后在全国推广。

上海自贸区无法替代香港

嘉宾主持马宇： 就国内来说，现在上海自贸区的建设在战略意义上，跟我们最初搞深圳、珠海这些经济特区有什么相同和不同的地方？就国际上来说，上海自贸区跟香港、新加坡，会不会产生竞争关系？未来上海自贸区的金融地位能不能替代香港或者新加坡？

丁一凡： 上海自贸区在没有定这个名字之前，中央犹豫了很长时间，因为最开始没有想把它做成只是跟贸易有关的区域。

中国一直想把上海当作一个国际金融中心推出去。所以一开始我们是想在这个地方，在金融自由化方面取得一点进展。但是又特别担心金融自由化一旦全面开放的话，可能会陷入我们经常讲的中等收入陷阱。在这个背景下，是不是要开放金融？不开放金融又怎么把上海变成一个国际金融中心？十分矛盾。所以，才提出来要在这个地方开一个窗口，做实验，最开始的设想是要搞一个金融实验区。同时，想到中国在国际上的比较优势，还在于我们的国际贸易，所以，一定要把金融开放和国际贸易连起来。

中国现在搞自贸区，可以说是在有限的范围内进行的，而相应的金融的自由化也是非常有限的。到现在为止，各方都特别怕出事。所以就有人说，未来对这里的外国公司，即使是跟贸易有关的公司，或者是跟搞贸易有关的金融资金，可能有一个量的限制。从各个方面讨论来看，上海自贸区不会有非常大的金融自由化。从这个角度来讲，它仍然取代不了香港。因为香港的金融是完全自由进入的，资本是完全没有管制的。我觉得甚至在比较长的时间内，它都可能代替不了香港。这不是因为上海没有金融活动的基础设施。要知道香港国际金融中心的地位很大程度上是跟海外华人，尤其是东南亚的海外华人直接相关的，这些地方的华人资本基本上都集中在香港。因为他们认为香港是比较独立、自由的一个地方。从这个角度来讲，未来即使上海金融非常自由化，也取代不了香港这种地位。香港无论如何有它自身的地方优势，这是无法取代的。

自贸区或会带动整个上海经济

嘉宾主持马宇：上海自贸区的建设与深圳等经济特区以及香港相比有什么样的差别？它是不是中国改革开放的一种深化，在中国新一轮的改革开放中，上海自贸区有没有可能起到像深圳经济特区那样的作用？张军教授，您怎么看这个问题？

张军：作为地方政府承担一个国家战略，还要为这个国家战略制定可操作的细则，上海市政府担负着很大的压力。上海市委书记韩正讲过这样一句话，两年以后，我们才能知道自贸区是成功了还是失败了。因为大家对它寄予的希望是不一样的，有的人希望它走得更快，能尽快有一些结果。大家如果从这个角度来做事情，我想上海自贸区会走得比较快。

在上海，用浦东带动浦西开发，也就是所谓的黄埔江两岸联动、开发的想法，当时是得到了社会各界的认同的，事实上也是这样做的。自贸区这个想法出来以后，在内部我也参与了一些讨论，大家更多是在关注能不能像当年浦东的开发一样，我们用自贸区的政策，把文章做在自贸区以外。所以上海的公开报告里面，已经明确了把自贸区与上海的四个中心（国际经济中心、国际金融中心、国际航运中心、国际贸易中心）同步。上海市的副市长、自贸区管委会的主任就讲到，要把自贸区和四个中心的建设联动起来，他特别讲到要发展贸易平台、大宗商品交易平台、保税的交易平台、离岸的贸易平台、文化的贸易平台。其实他是希望自贸区能够承担一个平台的角色，包括金融市场的交易平台、航运的中转平台，等等。我相信接下来在细则上面，很可能就是怎么样把上海的四个中心建设的速度加快，跟自贸区的平台能够很好结合，或者更好地去利用自贸区这样一个平台。

如果自贸区真的要像当年的经济特区，有那样重大影响的话，我想一定要突破这 20 多平方公里，要对上海的四个中心建设有比较大的拉动。我曾经在一篇文章里面讲，本来自贸区敞口是向外的，我们希望它敞口向内，现在终于敞口向内了，中国人民银行的“金融 30 条”里明确地放弃了离岸金融。金融结算业务也不是只能在自贸区里进行，上海市都可以，这是一个重大突破。还有就是通过了两种账户，大致可以管控资金的流动，因为敞口是向外的，在自贸区里，可以向海外融资，但会限制这些资金不能投金融衍生品，要投实体，也没有限制不能投房地产。现在看来上海的决策层在提一个渗透的概念。要让这个平台对整个上海的经济、四个中心的建设起到很好的作用，就得让自贸区的体制，以及新的监管规则能够慢慢地对整个上海有影响。如果这个方向能够坚持走下去，在一两年以内，上海四大中心的建设有可能会加快。按照中央的说法，两三年以内上海自贸区要产生可复制、可推广的经验，对全国要产生影响。我想恐怕这其中更多的应该不是在金融方面，而是负面清单管理和监管方面，包括贸易投资便利化、新的政府监管规则，以及对一些法律法规的清理，我觉得这些会在未来产生比较大的影响。

自贸区是深化金融改革的试验田

嘉宾主持马宇：我想问几位专家一个问题，你们觉得上海自贸区的方案或者有关政策方面有什么亮点？你们期待下一步自贸区的政策中有什么样的亮点？

郭田勇：上海自贸区的建设，要把真正的重点放在降低贸易门槛，改善贸易环境上，不能把主要注意力都集中到金融改革上。否则，政府有可能以此为借口，应该改善贸易环境的事情反而不去做，都去搞金融改革了，那整个上海自贸区的方向就走偏了。

上海自贸区，的确在金融改革上是有一些探路性作用的。我们也的确要通过上海自贸区这个平台，在人民币资本项目可兑换、利率市场化等改革上进行一些探路。举一个简单的例子，关于人民币自由可兑换，北京很多大学的学者，以及一些政府的参事，他们都认为如果资本账户放开风险非常大，但是我到一些地方调研，一些省的外管局，他们则认为没有风险问题。所以这里面是有分歧的，其实真正放开以后到底有多大的风险，大家也说不清楚。自贸区在某种程度上，能够在金融改革中起到一种投石问路的作用。

刘胜军：我想上海自贸区的意义至少不仅仅在于贸易的便利化，以及如何通过渗透来为上海服务。上海自贸区从它的立意出发，是为了给整个中国下一阶段的整体改革做一个试验田，为我们深水区的改革趟路。从这个角度来讲，我觉得政府应该在管理体制方面有更大的突破。我想现在自贸区建设主要有两个障碍，一个是大家总是担心我们的政府只相信自己，不相信市场的力量，总是对风险有一种过度的恐惧。还有一个障碍就是既得利益的问题，我觉得既得利益是存在的，有的人说自贸区那么小的一个地方，与其相关的一些改革措施，这些部委为什么要反对？但是我们知道，中央对上海自贸区有一个界定，就是可转移、可复制的经验。如果这些部委同意自贸区把某个领域放开了，几年之后全国推广经验就都要放开了，那岂不是动了很多人的奶酪？这个才是这些部委为什么拖拖拉拉，总是找借口，也是改革为什么这么难的最重要的原因。

至于说到改革怎么去撼动这些既得利益，大家可以回头去想想20世纪90年代，中国当时改革触动的最大利益就是造成当时大量国企员工下岗。但是事后来看，无论是对中国还是对当时的国企员工来讲，都未必是一件坏事情，他们可能因此获得了自由，有了更广阔的发展空间。现在政府意识到了要控制这些既得利益、要怎么处理，但是还没有到一个实际操作性的层面。这个操作性的层面是什么意思？举例来讲，比如国家不能光把发改委的权利撤销了，还要把发改委的工作人员也解散掉，他没有权利了，你让他再保留处长级别、保留局长级别又有什么意义呢？这就涉及到买断的问题，你得把这些工作人员的工龄给买断，给他一些补偿。如果我们不深入到这个层面去改革会很艰难，大家看不懂局面，改革进程会反复，喊了很多改革的口号，找出了无数的理由，最后还是不了了之。

嘉宾主持马宇：今天的讨论带给我们无数启发，起码政府部门应该多吸纳一些合理性意见，在上海自贸区的建设中能够有扎扎实实的推进，而不只是务虚性的。务虚不是不可以，但是政府在做政策设计的时候一定不能务虚。

第七篇

城镇化与地方竞争

CHENG ZHEN HUA YU DI FANG JING ZHENG

过去的城镇化是改革的自然结果，新型城镇化也应是改革逻辑的深化与延伸的结果。如何进行财税改革，才能让地方有良性竞争的激励和空间，并使城镇化得到自然发展？地方债如何在发展中解决？这些是改革2.0 时代亟需关注的问题。

城镇化要靠市场而不能靠政府

茅于轼　天则经济研究所创始人

城镇化需要解决的两个问题

从人类历史的眼光看，城镇化是每个国家都会发生的，除非在新加坡这种地方，它本来就是个城市国家，没有农村。凡是有农村的国家，都避免不了城镇化的过程。因为农业是一个产出很低的行业，劳动生产率很低。一个国家要变富，必须要工业化，有一大批人口要从农业转移到工业，从农村转移到城市。全世界几乎每个国家都有城镇化，这方面的经验可以说是很丰富的，我们可以参考别的国家城镇化成功或失败的经验。随着城镇化的进行，有几件事必然会发生。

第一，土地所有权的转移。一个农民进了城，几年甚至几十年后，他的小孩也在城里面落地生根，他跟农村的关系越来越浅了，他在农村的土地肯定要转移所有权。因此全世界除了新加坡这样的地方，都会面临土改的问题，而对于这个问题，各个国家处理的办法是有所不同的，有成功也有失败的经验。成功的土改提高了财富的拥有，收入增加了，社会和谐了，而失败的土改则造成了很多社会的创伤。特别是在苏联和我们中国大陆，都有过不成功的土改的例子。它的特点是，不是用一种自愿的商业化的办法来处理问题。现在成功的土改都是用自愿的方法来处理这个问题的。事实上土地使用的改变，一定是从生产率低的方向转向生产率高的方向，地尽其用并且用得更好，有了财富的增长，而且是可以分配的，这样参与分配的人才会得益，就不需要任何的强制了。但是由于对经济学理解的不同，也会产生错误的土改方式。中国在 20 世纪 40 年代末期到 50 年代初期执行的土改就造成了很大的损失，而且到现在还有它的残余影响。

第二，城市里的就业机会。农村人口进城是来找工作的，这个工作的收入比他在农村里干活所得能提高很多，这是城镇化的一个推动力，没有这个推动力农民不会进城。谁能够创造城市的就业机会呢？我想主要是私营的中小企业。可以说我们的城镇化能不能够成功，关键问题是城里的就业机会是不是能够充分地释放出来。如果城里没有就业机会，农村人口进了城，变成了一个流浪汉，无论是对他这个个体，还是对城市都是很不利的。所以就业机会的创造，是城镇化的一个必要条件。

过去 30 多年我们国家在城镇化工作中取得了非常大的成就，农村人口从 80%多降低到不到 50％。但是我们的城镇化是一个不完整的城镇化，大量的农民进城，却没有能够在城里定居下来，大部分流动劳动力还要回农村去，变成全世界独一无二的一种钟摆式的人口流动，造成铁路、公路运输全面紧张，而且也造成了很多的社会问题，像留守的小孩和老人。按理说，他们应该跟着打工的人一起进城，住在城里，但是我们现在还没有解决这个问题。怎么解决？现在看起来这是一个非常复杂的问题。因为现在城市的住房非常贵，不要说买房，租房也非常贵。最起码他们要能够租得起房，而大部分的外来务工人员越来越难以实现这一点。

城镇化土地供应应交由市场决定

我认为我们的房地产市场没有按照十八届三中全会所说的，让市场决定，而是由非市场的力量在起作用。首当其冲的便是土地问题，没有地就不能搞房地产，而这个地是没有市场效应的，只有一个供给方就是地方政府。所谓市场就是有很多平等的需求和供给，买方和卖方，在一个公平竞争的条件下形成价格，在这个价格之下形成交易，所有权随之改变。但这种状况在我们国家的土地市场完全没有发生，因此我们的土地、房地产市场不是市场决定的市场，而是政府决定的市场。我们的房地产业应该说是有远大前景的，因为有几亿农民要进城，他们都要解决住房问题，这是城镇化中的一个重大事情。但是到现在为止，仍看不见这种需求怎么才能开发出来，我们天天讲的房地产不是针对他们而言的，而是对城里已经有住房的人而言的。房价涨了落了，拍卖一块土地，保障房、经济适用房、公租房、廉租房，各式各样的名堂，都不是市场决定的，这个状况非常糟糕。

人们有一个误解，认为靠政府靠得住，靠市场靠不住。怎么解决住房问题？政府来解决，政府卖经济适用房给我们。为什么大多数老百姓会选择对自己不利的政策呢？因为缺乏经济学家来把这个道理讲清楚，住房不能靠政府，要靠市场。就像我们的粮食靠市场，我们就吃饱吃好了。三年自然灾害时期我国不是没有土地，也不是没有劳力，是没有市场。政府发粮票给你，你有了粮票才能有粮吃，没粮票就得饿死。把最重要的食品交给市场才有保障。这是我们要纠正的一个大的认识上的错误。

城镇化的一个重要内容，是要把真正的土地市场重新建立起来。在我们的城镇化过程中还有另外一种很特别的现象，就是大城市越摊越大。拿北京来讲，交通不够，修新机场，用水不够，南水北调，想尽办法把它扩大，我觉得这个方向是有问题的，我们应该发展中小城市。

跟城镇化有关的问题还有粮食供给问题，因为城镇化肯定要占用土地，我们未来有几亿人口要进城，不占土地完全不可能。怎么让城镇化的粮食供给问题能够得到解决？还是那句话，靠市场，不是靠政府。土地用途从耕地变成开发地，就涉及到土地供给问题，土地供给有一条红线，18 亿亩耕地不能减少。耕地靠市场还是靠政府？靠市场决定是对还是错？也许很多人说"靠市场决定"按理说是对的，但是粮食问题太重要了，要靠政府。我觉得正好相反，我们靠政府解决经济问题已经吃过大苦头了，而且这个苦头没有得到很好的总结。现在粮食是多了还是少了？我看了 2013 年的好几个文件，包括十八届三中全会的《中共中央关于全面深化改革若干重大问题的决定》，包括农业专家、种子专家袁隆平都说粮食问题很危险。到底真相是什么？认为多了的和认为少了的各有理由，有的说太多了，有的说太少了，怎么判断？我觉得经济学给了我们一个最好的方法就是看价格，价格涨了就说明少了，价格往下掉就说明越来越多了。粮食的价格是什么状况呢？在过去半个世纪里面，相对于其他商品的价格来讲，全世界粮食总体的价格是不断下降的，差不多降了一半，说明它的量越来越多。中国也不例外，20 世纪五六十年代的时候中国的粮食很贵，现在中国的粮食太便宜了，很多农民都不愿意种了。不管有多少证据，我们最后就看价格，这是最简单的办法。因为价格是由供需决定的，供给增加，需求减少，价格就往下降。我们完全没有必要因为怕粮食问题而阻碍了城镇化过程中土地的转换。经济学是一门很难的学问，并不是任何一个专家都明白经济学的。我觉得袁隆平并不懂得经济学，所以他说粮食问题很危险，我不同意他的看法。不要说袁隆平，连爱因斯坦对于经济问题发表过好多的意见也都是错误的。他在相对论上的贡献非常了不起，但是他在经济学上还是不大懂的。我们讨论城镇化，涉及好多经济学的问题，我们必须用各种知识攻克各种各样的理论和实践问题。

圆桌对话：有市场化才有城镇化

茅于轼　天则经济研究所创始人
邱晓华　民生证券首席经济学家
贾　康　财政部财政科学研究所所长
汤　敏　国务院参事
周天勇　中共中央党校国际战略研究所副所长
嘉宾主持毛寿龙　中国人民大学公共管理学院公共政策与安全研究所教授、博士生导师

中国土地使用年限和市场经济不接轨

嘉宾主持毛寿龙：我发现只要是为了抢地盘就会有战争，就会流血，甚至两个村会为了一点土地、为了一点泉水械斗。

现在城市人想去农村，农村人想去城市。但是我们城市人都不太关

心土地问题，因为我们没有土地也过得好好的，没有土地的城市人也没想着为一寸土地去打仗。很多城市人的身份认同感也很不一样，我曾经跑到一个地方问，你们本地人多少？他们说本地人 200 多万，外地人 300 多万，一共 500 多万。他们还说，“我们还有一半的 GDP 在外地，全世界都有我们这儿的人”，这个地方就是温州。温州人一大半在外地，而且到处都有温州商会。

不管怎么样，我发现十八届三中全会之后媒体非常关心土地问题，一说到城镇化，都问那土地怎么办。我想问一下，为什么大家都这么关心土地问题，尤其是城镇化过程当中农村土地的问题？我们最合理的农村土地制度应该是什么样的？

周天勇：关于土地制度的问题，我们中央党校和中国城市发展研究会在合作制定一个土地和房屋制度改革的框架方案。在研究过程中我们发现了三个关键问题，非常有研究意义。

第一，集体所有问题。我们经过深入研究发现，过去土改把农村土地变成集体所有，就是说每个人都没有继承权，而十八届三中全会确定农村土地归集体所有，家庭承包，承包权长期不变。宅基地没有提，估计也是长期使用，而且可能事实上可以集成。这种状况下有一个问题：人口是不断变化的，婚丧嫁娶，土地是不是一直需要调整？从静态来看集体的人总是在变动，从动态来看更麻烦，城镇化使得农村出现空心村或者是让一些村庄消失，如果村庄没了，这个集体的组织形式也没了。我看材料，我国 10 年中消失了 90 万个村庄，这些村庄中有可能有一些是自然村，但如果是行政村的话，这个集体组织就一起消失了。一个资产的所有者，一般是一个经济法人或者自然人，有债权、经营权。现在村集体是一个村民自治组织，这个组织怎么成为这个土地的所有者，把土地作为一种资产呢？比如说村集体把土地出租给一个企业，这个企业要求村集体开发票的时候，怎么开？这是一个问题。

第二，土地使用年限问题。我们现在国有出让土地使用年限是40年到70年，这会产生一个很大的问题。比如有人买了一套二手房，土地还剩下40年使用年限，他住了30年后，还剩下10年，把最后这10年的使用期抵押给银行，银行估值会是多少？假设他10年后还没去世，那么按照现在的《土地管理法》，土地及建筑物要收回国有，人还没去世，房子收走了，这怎么办？不过国土资源部的副部长提出来说《物权法》和《土地管理法》是接续的。《物权法》是一个裁定法，就是说，最后政府要赶你出去的时候，你可以凭《物权法》到法院去裁判，这个房子你可以继续住。但是财产的认定法是《土地管理法》，即财产的认定部门是国土资源部，所以无法根据这个法院的裁定将房产拿到银行去抵押的，你不能到国土资源部去做产权认证，也无法运转这个抵押。所以，这个土地使用年限是一个大问题。

我咨询过会计学方面人士，现在出让40年、50年的工商用地到期以后国家收回，对企业有什么影响？会计学方面的专家说，按现在的会计制度，比如说，你买地的时候花了5万块钱，是按5万的无形资产提计的费用，到50年以后地价肯定不止5万块钱，如果真正按《土地管理法》的办法，很多企业都会大规模倒闭。按照现在的《土地管理法》，土地50年或者70年到期的话，所有人都得赶出去，因为土地和房子都成为国家的了。所以这一年限的问题，和市场经济是不接轨的。

第三，城乡土地市场不一体化问题。现在年限上就是双轨制，农村的土地是没有期限的，而城镇的土地最高是70年，这就是一个问题。

我们在做这个框架方案的时候，发现越研究深入越有一系列的问题，所以我今天要给学术界抛出非常关键的两个问题：一是集体所有制怎么办，往什么方向改革？二是土地使用年限问题怎么办？这确实不和市场经济接轨。

土地的使用价值与质量有待提高

嘉宾主持毛寿龙：过去，政治家进行国家建设的方法是，对外扩张，把土地抢来，再找一些人，搞户籍制，把他们固定在土地上。这个方法是商鞅发明的，一直到现在还在发挥作用。我们今天讨论的是城镇化问题，城市不是以简单的土地为基础的，而是以每个人的发展和市场为基础的。在这样的情况下，城镇化背景当中的国家要如何处置农村的土地？农村的土地改革下一步会出现什么样的突破？2013 年年底，中央农村领导小组办公室主任陈锡文说，很多人在传的“农村土地不会自由交易，宅基地能自由交易”是误解。之前网上说小产权房会合法化，看来这下子“小三”要上位有很大的难度了。

邱晓华：土地为什么这么重要？我想首先因为它是我们的生存之本，没有土地我们就无法生存。土地是我们的财富资源，有了土地就能获得财富，土地是生产要素，它能够在一种制度的配置下不断地推动人类社会的发展。所以大家关心土地，我想是非常合乎情理的。作为一种生产要素，人们对它可能有着一般的理解和特殊的理解。一般的理解是，大家觉得土地就是一种商品，可以随便买卖，随便使用，这是一般属性。但是作为一种特殊商品，我想它肯定会有一些特殊的游戏规则，会受到一定规则的影响，不能够像普通商品一样随便买卖。中国是一个地少人多的特殊国家，虽然 960 万平方公里可能在全球的国家中来看还是很大的，但是宜居的地方确实还是偏少的，而可生存的、可创造财富的土地就更少了。我们在了解、理解和讨论中国土地问题的时候，一定不要忘记土地在中国有它的独特性。

中国是一个有着独特社会经济政治制度的国家，土地的所有跟别的国家不一样。很多国家土地是私有的，而在中国是国有和集体两种所有制，不是个人私有的。因此对于土地的使用和开发肯定跟别的国家不一样。只有了解或者把握住了中国土地少人多，国有、集体所有而不是私有这些特点，讨论中国土地问题的时候才会形成一些共识。从这个意义上来说，中国的土地使用一定要格外小心和爱护。因为一旦造成了浪费和破坏，是祸害子孙后代、千秋万代的事情。等到我们没有了土地，我们中国人要发动战争，去抢别人的土地吗？显然这条路行不通。所以，作为一个政治家，他跟经济学家确实要有不一样的眼光，有不一样的思考，也有不一样的比较方法。我想对于我个人来说，我觉得该爱护的要加倍爱护，该利用的要充分利用，在社会和经济中间形成平衡点，在人与自然之间寻求平衡点。只要把握这样一种平衡的关系，未来中国的土地就可以让我们生存得更好，也可以给我们创造更多的财富。现在的问题是，中国的土地使用效率非常低，土地的质量在大幅度地下降。如果这两个问题不解决的话，会影响到中华民族未来的生存和发展。如何提高土地的使用价值，提高土地的质量，可能远比其他方面的问题更重要！

“好”的土地制度标准是地尽其用

嘉宾主持毛寿龙：我去过英国，他们的土地是非常肥沃的，上面长的蔬菜要比我们的蔬菜精神多了。国外的马路踩上去结结实实的，我们的马路感觉一踩一个印。为什么会这样？因为我们的马路偷工减料了，土地也是偷工减料了。为什么我们土地使用效率会差？为什么我们土地的质量糟糕？经济学家有一个观点，叫做公地悲剧，公家使用的东西、公家的道路与没有市场交易的土地一样，一般来讲都得不到很好的照顾。茅老，您看我们的18亿亩红线如果继续搞下去的话会出现什么情况？

茅于轼：拿什么来判断这个土地制度是好还是坏？有一个标准就是是否地尽其用。地尽其用是指这块地该干什么就干什么，该修停车场就修停车场，该种粮食就种粮食。我不是研究土地的专家，因为土地问题非常复杂，我只能用一般的经济学原理来做一点解释。不光是地要尽其用，所有的东西都要尽其用，水要尽其用，电要尽其用，钱要尽其用，人要尽其才。怎么才能做到呢？这个问题太复杂了，但是经济学用一个最简单的办法就把它解决了。什么办法？明确所有权，你有自由交换的机会。这两点就解决了人尽其才、物尽其用，包括地尽其用的问题。这个原理是什么呢？假如说我有一块地，想通过这块地得到最大的收益，就一定要把这块地用好。我会去寻找和比较各种机会，判断什么机会对我最有利，这样就能做到地尽其用了。

当然有一个问题，土地的使用是有外部性的，我采取了这个用处，会影响到周围的人，所以土地使用要有规划。这个规划也是一个很专业的学问，在这个规划的限制之下，土地要有明确的所有权，要有自由交换的机会，这样就能做到地尽其用。当然我也不敢说这一定是对的，因为我们对土地的使用还可能有其他的一些目标，除了生产财富之外，还有公平和环保等目标。但至少我觉得地尽其用是目标之一，而达到这个目标的方法就是经济学的一般原理——所有权很明确，而且可以自由交换。我觉得这样的一个制度应该就是好制度。

周天勇：我们国家的耕地大概是18亿亩以上，村庄用地大概2.7亿到3亿亩，城市用地8000万亩。我们的交通建设、城市化最多再用2亿亩地，因为我们交通、水利建设几乎和城市建设用地差不多。未利用土地大概有40亿亩，主要是26亿亩沙漠，10亿亩盐碱地，不到10亿亩的地球缓坡地，另外还有废弃工矿地3000多万亩。实际上如果把节水技术和一些未利用土地的生态搞好，这些地是可以利用的，这2亿亩建设用地从哪儿都可以找出来。我们对此进行过测算，而且如果所有未利用土地得到改造，粮食问题不用怕，节水问题也完全可以解决。我们现在的关键问题就是，要找到一种既能在所有制上走得通，又能使产权设计按照市场经济运行的体制，我觉得这是非常重要的。

城镇化进程要法制化

嘉宾主持毛寿龙：我们到底需要什么样的城镇化？针对我们的公共政策设计，请汤教授谈一谈。

汤敏：我觉得对于城镇化的问题，我们要从更大的角度来谈。我研究发展中国家比较多，觉得单靠市场的话，很多的弊病是不能解决的。比如说大城市的问题。我在马尼拉住了很长时间，马尼拉一个城占了菲律宾1/3的人口，越来越大，挤得一塌糊涂，但是还在扩张，曼谷也是这样。这完全是按照市场化的方式发展的结果。因为从生活的成本、就业机会，以及生产成本来说，城镇化本身就具有这个过程。还有环境的问题，我们的雾霾比很多发展中国家可能还严重，这可能是因为它们发展没有我们快，如果它们发展到我们这种程度，可能也会遇到一样的问题。比如交通堵塞，在北京我们已经觉得很堵了，但在马尼拉、泰国曼谷，经常比北京堵塞得更严重。这些国家的城镇化靠的都是市场，都是在土地私有化的情况下发生的，同样没能解决这些问题。

我们在推进城镇化的时候，要有非常清醒的头脑，需要按照规律来做。而且，我们提市场在城镇化过程中起到非常重要作用的时候，也要同时意识到法制化制约不可缺席，如果没有法制化，也会出很多的问题。

为什么发达国家的大城市发展比较慢，比较和谐？因为它们是有整套的法制来制约的，你想去开发那块地，要经过周边的老百姓同意，你想盖高楼，挡住了人家的阳光，人家不同意，你就建不成。我们在未来要更多地向这些方面发展，否则的话，大城市问题会越演越烈。

我们在强调市场化的同时，一定也要强调法制化，而且法制的制定应该有更多的老百姓参与，把法规制定得更合理一些。

解决城镇化问题土地需实施双轨制

嘉宾主持毛寿龙：我发现，我们城市提供福利的财政是土地财政。土地从哪儿来的？从农民那儿收上来的。但这样的土地财政又不给农民福利，岂不是很奇怪。所以我就想不通，请财政部的贾老师给我们谈谈。

贾康：表面看，中国总共 960 万平方公里，人均一算，每人可分不少平方米。但实际上这样的情况是完全不成立的，人均多少平方米的国土面积完全没有意义。因为现实当中，大家要考虑到哪儿去生活。很多人不会考虑去可可西里生活，我在北京基本上也不考虑到延庆那个山地环境中去生活。自工业革命发生之后，伴随着工业化，不可回避地出现了一个全球性城镇化的过程。按照国际经验，城镇化水平到 30% 以后会进入加速期，在加速的过程中，前半段是曲线式的，后半段是往下的，整个加速期直至城镇化水平到 70% 左右才变得相对缓慢，没有任何经济体能脱开这条 S 曲线。中国现在在什么位置呢？在这条曲线的前半段，官方说是 52%，应该到了加速期的中间靠后一点。所以中心区域必然有越来越多的人涌入，从空间上来说，大家所争夺的就是城镇区域的资源。以后几十年，中国农村的人口要从现在的基数再往下减，接近4亿人，谁也改变不了这个趋势。

站在资源配置的角度，经济学首先考虑的就是资源怎么优化，以后中国70%的人都要在城镇生活，这个状态还要持续发展几十年，这个过程中，怎么样协调人们因不同利益取向所产生的矛盾冲突。具体讨论到的户籍问题，其背后就是利益纠葛，你取得了户籍就意味着你获得了市民化的待遇。现在的北上广，不要说取消户籍，只要稍微暗示非户籍人口会得到更多的照顾，人口马上就会有新的压力，有更多的人要涌入。你不要说北京这个地方雾霾很严重，有雾霾人们也照样来，人口的规模在这个地方还要不断上升。

说到底城镇化过程中所配置的资源，就是在生产要素里面最稀缺、最金贵的中心区的地皮和地皮上所有的附加物所给出的实际福利和待遇。大家都想在其中分一杯羹。资源配置怎么优化，可以看其中最典型的代表——住房。是不是靠市场本身就能完全解决所有在中心区谋生的人的住房的问题呢？回答是不可能。我们要特别推崇和肯定市场在工业化、城镇化、国际化和信息化过程中对资源配置起到的决定性作用，但在城镇化这个概念之下，市场的决定性作用不能解决一切住房问题。必须在其中加入政府的规划等种种特定的作用后，才能给低收入阶层，还有所谓收入夹心层提供一个保障住房的托底条件。这样就要求在市场之上，还必须有一个有水准的、有着几十年甚至上百年通盘考虑的国土开发规划，这是由政府牵头才能做得好的。政府规划和市场的作用怎么样合理结合呢？只要政府把这种托底的事情做得基本到位，那么市场就相对从容了。商品房、产权房交易应该让市场规则来起主导作用，在公平交易、自由竞争的过程中，中等收入阶层以上的人在中等约束条件之下，行使消费者主权去买房，而开发商拿到土地开发权以后，根据市场预测来开发。这样一来，双轨统筹的规划就是不可回避的基本概念了。

回到另外一个土地问题的判断上，是不是把土地打散私有化了，就可以解决资源配置问题？回答是否定的。我们现在来看看中心区，无论前置条件怎么样，假设有办法能够达成一人一份的私有，那么怎么解决像日本碰到的国际机场六条跑道建不出来的问题？二战后，在美国麦克阿瑟将军的主持之下，日本实现了带有共产主义色彩的土地改革。结果到机场要建第二条跑道的时候出现了“钉子户”的问题，开始时数量规模还不少，现在可能不到 10 户了，但是就是一条跑道，六七十年了，仍然只停留在图纸上，实现不了。

私有化以后充分竞争就能解决私有主体之间的协调问题？靠市场行吗？日本的情况是类似于市场，就是政府可以跟这些“钉子户”反复地讨论价格问题，但是这个时候的价格不是天价，而是无价。你开多高的价格人们就是不卖，所以六七十年来，第二条跑道就是建不出来。所以，在经济学上的简单认同就是，中心区的某一块地皮谁拿到了谁垄断，政府拿到了政府垄断，私人拿到了私人垄断，这是一个自然垄断。社会必须找到一个健康的机制，在市场充分起作用的同时，还要有一个政府牵头建的法制，协调不同利益的取向。在中国的发展过程当中，应尽量避免出现发达经济体仍然解决不了的问题，也避免出现贫民窟的情况。我们要尽量减少这些问题的威胁，后来居上，在城镇化赶超方面才能走得相对顺一些。这个过程中肯定有很多的难处，但是我们要争取走得稍微顺一点。

在住房方面，我们已经看到了双轨统筹是不可避免的一个命题。至于跟住房配套的公共道路、桥梁、涵洞等各种基础设施，医院、学校等各种服务网点怎么配置？我认为，顶层规划不可少，民意的充分表达不可少，大家认同法制这样一个总体的法制化的过程不可少，要把这些都凑到一起才行。

要让小产权房合法

周天勇：我长期研究各国的住房模式，印度和拉美国家为什么贫民窟比较多？这里有几个因素。它们的土地分配不均，原来农村没有土地的人太多，和日本、韩国等不一样，这是大量的人口往城市里走的原因。印度和拉美国家中有一些国家的法律规定，这块地你只要占有了，过多少年后它就是你的了。巨大的贫民窟是选票舱，一般城市的议员都不敢得罪他们，富人反倒没有多少选票。和印度的贫民窟相比，拉美国家的贫民窟要好一些，经过了一定的改造，包括了政府的规划等。而中国台湾地区则是另外一种模式，它把土地强制从地主的手里收购以后卖给农民，分得比较公平，最后它又发现土地的分散对农业现代化、城市化建设都不方便，只好修改法律，允许农民买卖土地。卖的土地收入如果增值 100%收 40%的税，增值 300%收60%的税，农民就可以拿着这些钱买房子，所以台湾的经济系数很低。

我们国家现在有小产权房 68 亿平方米，大产权房大概有 140 亿平方米，实际上小产权房是消灭不掉的，而且拆了以后会造成很大的社会混乱。我觉得最终还是要解决小产权房的合法性问题，而且我认为就保障性而言，小产权房的效率比我们现在的保障房要高。

农村人口向城市转移是全世界的规律。农村为什么不种粮了呢？我算了一下，美国的农业面积和我们一样，但是只有 2%的劳动力在从事农业，不到 400 万人口。我国2012 年有 7.7 亿劳动力，大概 34%从事农业，也就是有 2 亿多人。这 2 亿多劳动力是什么人呢？40～70 岁的这群人。这些人为什么不到城市里来呢？语言和生活方式都不适应。从他们的机会成本来讲，还不如干点农业，能有点收入，但是这对于年轻人来说是极不合算的。所以年轻人到了 18 岁就往城里跑，这是谁也挡不住的。我个人觉得，虽然现在通过土地流转，种粮大户解决了一部分耕种问题，但是等农业彻底现代化、规模化和专业化还需二三十年时间。

农村的空心化和衰败是不可抗拒的，这没办法，全世界都是这样。广东省人大代表质询政府，说农村都空心化了怎么办，但是腿长在人家身上，你能让你的孩子到农村去种地吗？我认为，这是市场在起作用，没有别的办法，我们只能顺应。

以农民为本建设城市

嘉宾主持毛寿龙：我们的经济学家，包括政治学家，都谈到了政治因素、法律因素，还有一些非常具体的问题，比如说城市的贫民窟问题，也包括城市的优质资源如何被垄断的问题，或者说发展中国家经常出现的城市病问题。我们现在城市病倒是少了，但是我发现农村病厉害了。中国的城镇化发展过程当中，很多人跟我说农村只剩下老人了，农村虽然有耕地却好像没有人种地。城镇化过程当中要如何解决农村的空心化问题和老龄化问题？农村的老龄化问题能通过跟着年轻人进城解决吗？

邱晓华：城镇化是现代化的题中之意，追求中国的现代化，肯定要伴随着城镇化不断发展。对于如何来实现中国的城镇化，有各种各样的讨论，我想刚才大家讨论比较多的是农民变市民这条路。其实在我看来，我们还有另外一条路可以走，就是缩小城乡差距。我们为什么不能让农村的居民也能享有现在的物质文明，享有现在的公共财政所带来的各种福利？为什么一定要变为市民以后才能够享受到呢？我想这是一个可以讨论的问题。如果我们把这一条路变为双向之路的话，我想我们的眼界、思路和办法都会改变。

前面讲到城镇化当中土地的问题。我觉得推进城镇化是解决中国眼下产能过剩这样一个所谓突出矛盾的有效解决之道，为什么中国在人均GDP达6000美元的这样一个发展水平上就出现制造业产品甚至基础设施产品都过剩的情况？我觉得这不是因为中国的产品绝对过剩，而是因为中国的农民买不起。如果农民能够买得起，我想这些产品就不会过剩了。中国农民为什么买不起？就是因为工业化和城镇化严重脱节。工业化一马当先，城镇化严重滞后，长期以来我们实行城乡二元经济结构这样一个严格的户籍制度，限制生产要素的自由流动。改革开放之前我们通过价格剪刀差，只准农村的财富通过价格剪刀差波动，来推进工业化。改革开放之后这样一种波动已经改变了，但是人的流动问题还没有完全解决，始终没有形成生产要素在城乡之间的合理流动。中国的城镇化严格意义上才走完1/3的路程多一点，绝对没有到一半的路程，因为虽然还有2亿多人生活、居住在城市，但是并没有完全在住房、医疗、教育、社保方面和城里人拥有一样的待遇，所以这些人不是严格意义上的城里人，他们是准城里人，或者是伪城里人，把这些人去掉，中国的城镇化进程也就只有35%左右的水平。因此造成大量的人口还生活、工作在低端的这一头，就是低生产效率的这一头。低生产效率一定是低收入，这是一个必然的规律。以农产品产出和打工这种简单的经营为生，他能够获得更高的收入吗？不可能，因为他还停留在低端。

工业化也好、城镇化也好，最大的一个财富来源，或者最大的一个财富增值的源泉是什么？是土地。按道理，土地财富应当是归农民所有的，但是在中国却没有。每年几万亿的土地收入，农民拿到的只有

20%～25%，大头都被政府和企业拿走了，这就进一步放大了农民买不起的问题。所以我觉得如果我们能够真正以农民为本，来推动中国的城镇化进程的话，我们就能有效地解决目前所谓产能过剩和所谓城乡发展不平衡这种社会矛盾问题。现在，我们需要增加制度创新的供给能力，在这方面寻求出路。我们讨论城镇化的时候，一定要把以农民为本放在至高无上的地位，而不是以建城为本。

城镇化如何保障农民福利

贾康：城镇化要以人为本，特别要注意现在农民总体来说是带有弱势群体特征的人群。这里面还要再细分、具体判断，比如中心区边缘的、城乡结合部的这些农村户籍的人，有可能得到一些特殊的机遇以后迅速致富。但是中国大量的农民在哪儿呢？在远离中心区的，和边缘地带、城乡结合部挂不上钩的农民，他们怎么办？如果在边缘地带完全是市场价格，把好处都给农民，会产生新的不可回避的收入悬殊问题。

重庆有一个地票制度，试图把远离中心区的、和城乡结合部挂不上钩的这些人的利益抬升起来。远离中心区的这些人通过把小田变成大田，减少田埂的面积，以及通过整合宅基地，能更有效地置换出一些土地，然后复垦变成耕地，而合并后增加的土地面积进入地票市场，市场上价高者得，有一个竞价过程。谁用高价拿到手，谁就可以在城乡结合部等边缘地带取得同等面积的土地开发权（当然前提是服从政府规划）。也就是说，这些地变成了非农用地，成了中心区扩大的建设用地了。本来远离中心区的土地卖不了多少钱，这样一来一下子就可能变成一亩地十几万、二十几万，好像把利益悬殊缩小了。后来成都想仿效，消息一出来马上就被叫停了，中央不许。顾虑是什么？中央担心如果说现在有态度表示大家可以做这个试验，各地会一哄而起。很多地方的基层干部可能用很粗暴的方式把农民逼上“大跃进式”的运动，造成很多基层的矛盾，到那时候再来掌握这个政策界限就不是那么容易的事了。哪怕这个环节不出问题，可是你置换出来的这些地都是生地，产出率低的地，到了城乡结合部，占的地都是熟地、好地，产出率高的地，仍然不可能两边平衡。我们这样一个特别的大国，只有把饭碗拿在我们自己手上，心里才踏实，这就是所谓18亿亩红线的问题。18亿亩不会是精确的数，但是客观上得有一个八九不离十的界限的把握。这种占比平衡，要以产出当量来计算就更复杂了，用什么样的指标体系？你占1.3亩还是1.5亩才相当于那边1亩的熟田？谁来核这个？会不会弄虚作假？需要一个复杂的指标体系来核验产出当量，操作上会有各种各样的利益扯在里面，诸如此类的问题一大堆。

我认为地票市场上这种交易的逻辑显然是有它的合理性的。虽然现在叫停，不让大家简单仿效，防止一哄而起，但是这个方向上的探讨不能够放弃，要稳中求进。咱们十八届三中全会是登山，一只脚站稳了以后，另外一只脚再跟着往上走，不怕慢，就怕占，我们把这个正确的方向变成一个有着正确逻辑的事情，变成可操作的事情，可能会面临一系列的问题。

汤敏：我们谈城乡一体化，谈帮助农民，这些都是非常对、非常好的。但是城里人要做好思想准备，不能既想着保持现有的生活水平，甚至保持现有的生活水平发展的速度，同时还想着把农民问题解决好，这是不可能的，中国只有这么多资源，只有这么多钱。如果我们把这些政府卖地的钱都给农民，意味着可能咱们出门就没地铁了，没有这么好的基础设施了，我们要把那一份分到农村去。对这个问题我们要有非常清醒的头脑，中国的事要一步步来，而且以后咱们城里的福利改善要慢慢地放缓，不是说减，但是起码要放慢，才能做好这个事。

邱晓华：城镇化有三个问题：人往哪里走？地怎么用？钱从哪里来？我想中国人是聪明的，如果我们政府的官员整天坐在房间里冥思苦想，反而找不到出路。如果我们能够尽可能地发挥民众自己的创造精神，只要在国家整体规划之下借助市场的作用、社会的作用，我想我们是能够找到出路的。现在关键的是我们一定要把总体规划做好。因为一个国家的城镇化要是没有规划好的话，到处都是乱建乱拆，将来会造成更大的浪费。至于其他事情能够交给市场的交给市场，能够交给社会的交给社会，能够交给民众的交给民众，我想我们一定能找到一条出路。

第八篇

香港：新改革、新图景

XIANG GANG：XIN GAI GE、XIN TU JING

十八届三中全会的召开，为中国改革勾勒出新的路线图。今日香港可以为内地改革提供哪些借鉴？如何实现香港自身的再次腾飞？粤港澳发展前景如何？泛珠三角的合作有怎样的未来?

国家发展给香港带来的机遇

刘兆佳　全国港澳研究会副会长

香港要抓住机遇，协助国家进一步走向现代化

众所周知，单靠十八届三中全会的报告不足以全面了解国家改革开放给香港带来的机遇和对其影响。我建议大家同时看几份重要文件，例如，胡锦涛主席提出的“十二五规划”纲要，还有温家宝总理在2013年“两会”中所作的政府工作报告，这些加起来，就可以提供比较全面的信息，让我们充分了解国家改革开放给香港带来的机遇。

在这里，我们要特别注意，此番国家改革开放力度之大前所未有。十八届三中全会涉及经济、政治、社会、文化、生态、军事和国家安全，改革内容十分全面。国家已经下定决心进一步深化改革开放，另外决定强化市场体系，将市场的作用定义为决定性作用。

在经济改革中，国家决定增加内需，通过内需推动中国经济的发展，而不是过分依赖投资和出口。坚持和完善公有制为主体、多种所有

制经济共同发展的基本经济制度。

另外，强化现代服务业在产业结构中的比重，将中国的产业结构推向现代化，从而跟国际接轨。开放更多的投资渠道，让国有和民营经济共同迎接国际化。

除了加强市场的重要性外，国家也希望社会、民间团体和非政府机构能够在国家发展过程中担当更重要的角色。

在这个过程中，香港可以做哪些事情？我想有几类事情可以讨论。一是积极参与国家的金融体系改革和建设，香港有完善的金融体系、法律制度，香港的金融人才可以协助国家进一步走向金融现代化。

二是国家准备降低现代服务业进入的门槛，香港的现代服务业，例如建筑设计、会计、审计等，都可以进军内地市场。虽然目前香港现代服务业进入内地有很多限制，但我想这些限制和门槛会逐步减少、降低。十八届三中全会要求积极发展混合所有制经济，这就为国有企业对外开放以及香港投资国有企业提供了很好的机会。香港可以提供农业、金融、商贸、物流、电子商务、文化等多个领域的支持。

三是顺应内地走出去的战略，香港企业可以和内地企业一起走出去，共同建立国际性的品牌。中国是全球制造业的中心，是世界工厂，但是国际性的品牌不多。随着国力的不断提升，经济发展质量和水平的不断提高，建立国际性的品牌迫在眉睫，香港应该可以给予相应的支持。

四是现在大家谈得比较多的协助人民币国际化。加大人民币的数量，增加不同类型的人民币业务，香港可以为国家探索人民币走向国际之路出一份力。

五是香港应该抓住中国与东盟10国组建自由贸易区的机遇。虽然香港还没有加入中国——东盟自由贸易区，但是国家承诺香港以某种成分参与区域合作。香港应该树立国际金融和贸易中心的地位，推动中国——东盟自由贸易区的发展。

此外，香港还可以加入粤港澳自由贸易区，虽然这个自贸区目前尚处于研究阶段，但假如真的推出的话，香港肯定因身处自由贸易区而可以更好地进入内地和利用内地市场所给予的机会。内地金融市场的开放，使香港可以参与金融市场的管理和服务，利用专长，在国家现代化的开放过程中，获得发展。

香港拥有优质的福利、教育、医疗、育婴、养老、扶贫等社会服务。香港是小政府，很多社会服务是由政府直接或者通过非政府组织、民间团体和传统社团提供。在如何强化社会职能方面，香港可以为国家提供参考和借鉴。

那么，香港该如何把握以上机遇呢？国家提供了机遇，不等于香港可以自动享受这些好处，而是必须要通过自身努力将工作做好，将机遇把握好。

“十二五”已经过半，这是香港首次认真参与国家的规划，但很多事情还没有完全做好。特别是发展新产业方面，国家承诺支持香港发展新的产业，但目前这方面取得的成绩不多。

马上就要进入“十三五”，香港要积极地了解国家的发展和各方面的情况，积极地思考香港未来发展的方向，同时将香港的发展和国家的发展予以结合，目前这方面的工作做得不足。我担心的问题是，香港是否已经准备好利用十八届三中全会带来的机遇，并在此基础上做好“十三五”规划的工作。

发挥香港作为内地和国际联系桥梁的作用

特区政府要加强沟通，了解彼此产业发展的方向，将这一工作做得更好，就会使香港把握好国家的发展所带来的机遇。

上海自贸区对我们而言是机遇也是挑战，它意味着国家进一步走向国际化，进一步改革开放。将发展的机遇把握好，使得上海自贸区通过跟香港的合作更好地建设起来，让香港也在此过程中取得好处。

过去几年香港过分注重香港和内地之间的联系，忘记了香港的重要性在于可以将内地和国际联系起来，因此今后要强化香港和海外之间的联系，发挥香港作为内地和国际联系桥梁的作用，使香港成为海外进入内地的桥梁，或者是内地走向海外的窗口。

作为走出去的桥梁，香港要多聘请一些内地的人才。从政治的角度考虑，让内地的人到香港，多聘请一些年轻的人才，也可以减少两地融合过程中的摩擦，降低两地融合的抗拒情绪。

香港的发展特别需要年轻人才，随着近年来香港的发展，人才不足的问题逐渐地浮现出来。如何加强人才的培训，特别是推动香港成为内地和国际间桥梁的人才的培养，是当下亟待解决的重要问题。除了培训人才外，还要大力引进人才，不管是内地人才还是国际人才都要积极引进。

现如今，越来越多的香港企业和人才到内地发展，但特区政府对这方面的支持力度不是很大，应该进一步予以推动。我们也需要强化香港和国际金融、贸易之间的联系，强化香港的国际金融中心地位。

人才方面，我们还需积极培养能与东亚、东南亚联系的人才，大学中研究东亚和东南亚的人才非常稀缺，懂东亚和东南亚语言的人也非常稀少。这种情况下，考虑到亚洲地区、东南亚地区对香港的重要性越来越大，加强东亚和东南亚关系人才的培养，对香港的发展而言也是一种推动。

经过多年的发展，香港和内地两地经济不断融合，带动了香港经济的发展，也带出了不少的问题。部分人未能在合作中获得好处，另外一部分人，觉得自己的生活和工作因此受到了影响，社会上出现了一股反对香港和内地进一步合作的敌意氛围，政府和社会应该如何应对？

政府一方面应该要积极地将这种氛围扭转过来，另一方面要采取措施，使更多的人在两地合作中获得好处，让他们从反对合作变成支持合作。香港与内地深化合作还延伸出了一系列的问题，这些问题正在不断地发生，两地同胞往来也越来越密切。我们要从前瞻性的角度予以研究，化解问题，扫除两地经济合作的障碍。

圆桌对话：新改革下的陆港经济前景

庄太量　香港中文大学全球经济及金融研究所常务所长
冯孝忠　香港恒生银行执行董事兼财资业务及投资服务主管
关家明　香港贸易发展局研究总监
刘红詈　建银国际证券有限公司研究部副主管及首席经济师
谢国樑　中国银行（香港）经济研究处主管
嘉宾主持刘宁荣　香港大学副教授

香港未来的发展道路

嘉宾主持刘宁荣：大家都知道，香港的金融中心地位在亚洲乃至世界都是重要的，新的一轮改革开放后，香港的金融中心地位是否会发生变化呢？香港人总是谈金融中心，除此之外，香港仅次于金融的道路，或者是香港未来的发展道路又是什么？

庄太量：香港作为金融中心是从20世纪80年代开始的。虽然国家明确地支持上海在未来的十年内成为金融中心，但我认为两者是没有矛盾的。因为金融这个蛋糕会不断地做大做强。香港无法服务全中国，因此香港和上海在开始的十年是互动互利的，将蛋糕做大做强，将一些本来要去伦敦和纽约的资金吸引到上海或者是香港，今后才会有竞争，目前是互利共赢。

香港存在用地规模的问题，因此香港以发展金融为主。除此之外，我认为粮食方面是香港可以发展的一块区域。

2013年中央经济工作会议提出了粮食安全的问题，包括了粮食供应的问题，以及粮食是否安全的问题。香港可以为国家提供安全的食品，内地也可以开放更多的市场给香港，内地人对香港品牌还是有信心的。

冯孝忠：香港从一般意义上来说是股票和融资的金融中心，而并不是全面的金融中心，当然它在不同时期有不同的使命。2003年到2010年，香港承担着国有股的改革和H股的改革，国有企业纷纷到香港上市，香港的经验提升了上市公司的管理水平和经营水平。

香港以自由经济为主，雷曼兄弟倒闭（2008年9月）之后，大型国有企业能够到香港上市的已经不多了，再去上市的都是比较小的企业。随着人民币的开放，量化宽松政策的强化，债券市场非常繁荣。香港作为金融中心发展得非常均衡，大型的股票和IPO虽然少了很多，但是也高速发展了债券市场和特色人民币点心债市场，建立了人民币离岸市场。香港的金融中心比之前更加多元化，关于今后的发展，我对香港是有信心的，可以继续做金融中心。

虽然现在我国的其他区域也在建人民币离岸中心，但是我认为人民币的市场是非常大的，香港会为中国的人民币国际化提供试点。香港作为国际化的窗口，起到桥头堡的作用，吸引国际资本进入内地，使内地的企业通过香港走出去。

过去在香港，个体的创新和研发很多，但缺乏推广和应用，也就是科研商业化比较落后。我们很多的发明就是纯科技的，发明之后，发明家将专利拿到美国去推广，不留在香港。香港在科技发展方面是有潜力的，我们需要将发明和研发商品化、商业化。

关家明：我认为未来香港的发展关键在于竞争，有竞争，才有活力。我们不担心竞争，关键是如何应对竞争。竞争的过程中，香港的金融发展有三个方面是别人无法复制的。

首先是体制的特色。在法制方面香港是普通法法系（英美法系）、内地是大陆法系。上海或者是其他的区域将要怎么做，短时间内看不到，但恐怕不会变成使用普通法法系；香港的普通法法系，也不会改成大陆法系，因此这是香港自己的特色。

其次是香港的地域。不像伦敦和纽约有明显时区的分别，香港与北京、上海是同一个时区。当然时区之外，还有地域的分别，例如香港靠近珠三角和东南亚。

最后是香港建设的网络关系。不仅仅是与东南亚的网络关系，还包括与全球其他地区的网络关系，不是一时之间就可以拿走的。

无论是上海发展起来了，还是其他地区发展起来了，都无法拿走我们的优势。我们不应该将香港局限于金融方面的发展，十八届三中全会传递出中国要全面开放的信息，金融只是其中一部分。对香港而言最重要的就是服务业的开放，从 2001 年“入世”后，中国在商品和制造业方面的开放程度非常大，因此在进出口方面发展得非常快速，中国变成了世界工厂。现在的问题是，我们要进一步在服务业方面谋求发展，这不仅仅是简单的开放方向的问题，而是国家经济发展的需求。香港的服务业占比达到了93%，包括金融业、法律业、会计业、物流业、IT（信息技术）业等。过去十年内，我们通过《内地与香港关于建立更紧密经贸关系安排》（CEPA）跟广东省和内地其他地区做了很多有关服务业开放的工作。现在国家要全面开放服务业，对香港而言是非常重要的。

十八届三中全会的开放和改革靠的是市场，这也是香港最有利的地方。香港的成就和特色就是善于利用市场，香港是政府参与最少的地方，也是市场最开放的地方，香港要利用好自己的经验，从而帮助大家以及自己不断地往前走。

刘红帤： 按照中央政府的规划，上海会在2020年成为国际金融中心。这一年来，香港很多专业人士认为未来会遭受很多的挑战，尤其是2015年人民币将率先开放和可自由兑换。上海如果要想成为国际金融中心，就要参考香港、伦敦、纽约等城市的具体情况。

香港短期内是不会被取代的，“法制政府、自由市场”，短短的八个字，要落实在中国的治理架构、哪怕是一个城市的治理架构，都要经历很大的挑战和漫长的过程。目前的状况是，无论上市公司还是国际市场都认可香港在这些方面领先的优势。

上海即使成为在岸的国际金融中心，香港依然有自己的优势。香港作为人民币最大、最好和条件最便利的离岸市场，地位是不可取代的，香港要做的是人民币金融产品的投资和开发，这是刻不容缓的事情。

对于香港将来的定位，我有一个不成熟的想法，将来上海证券交易所会面临香港交易及结算所有限公司（简称港交所）面临的同样的问题。比如大家认为股票中有大部分是周期性的中国股票，决策和投资故事找不到投资和炒作的空间，上市公司的结构是否可以更加的多元化，等等。

如果港交所要继续维持亚太区的中心地位，在新的粤港澳的框架下，是否可以有意识地向中国或者是亚太区的科技中心进行转型。

中国有非常好的科技公司，为什么不引进这样的公司呢？有的专家说，香港的土地贵，在香港进行创业是不太可能的。那么粤港澳自由贸易区是否可以进行科技创新，吸引全国大量的科技人才，形成优势之后，产生优质的科技公司呢？如果形成硅谷效应的话，这些公司无论是在场外交易市场，或者是在香港市场挂牌上市，都会源源不断地形成利好循环，香港上市公司的形式也就活跃了。

谢国樑：刘教授提了两个非常核心的问题。首先是有关香港金融中心的问题。香港是亚洲区的金融枢纽，也是目前全球三大国际枢纽之一，如果这三大枢纽缺了一角，国际金融的运作会出现问题。

今天全球金融活动和资金的管理、运营，亚太区主要通过香港进行配置。香港目前已经有很好的基础，它可以发展到今天的状况，主要是因为拥有好的制度、地理位置、时区等因素。如果提到竞争，全球很多的国家和政府，都在推动本国的城市升级为金融中心。为什么有的地方可以发展成为国际金融中心，有的地方只能发展成为区域金融中心，甚至有的地方最后不能成为金融中心呢？决定金融中心的发展，在不同时期有不同的主要因素，早期跟地理位置有关，到了资讯科技年代，地理位置已经不是主要的因素，最重要的是制度因素，香港在金融监管、法制等方面，有比较好的优势。

其次，十八届三中全会会给香港带来哪些优势和机遇？我认为有六大方面的内容，有些已不是新内容，香港已经开始做了，但是会不断地强化。

1. 资产管理中心。香港会成为全球最重要的资产管理中心，香港合并的资金和资产超过了 12 万亿，在亚太区是最多的，而且前景非常好。

2. 人民币离岸中心。香港目前已经是人民币离岸中心的枢纽，这一作用会不断地加强。

3. 资本市场的融资中心。论量，东京的股票市场会大一些，但是其他方面香港的股票市场在亚太区还是最强的。

4. 银行机构的总部运营中心。目前国际上数得出来的亚太区银行总部，基本上都在香港，只有一小部分放在新加坡。内地四大银行管理国际业务的总部也都放在香港。

5. 离岸中心。香港 6 万多亿的贷款有 50%是离岸贷款，因此未来的需求是非常大的。

6. 竞争的优势。未来谁会跟香港竞争？到目前为止，香港和上海从来就不是竞争的关系，至少到今天为止，从来就没有竞争过。今天上海的金融业发展得很快，做了很多的业务是香港做不了的。同样，香港做的很多业务，也是上海做不了的。

上海主要是为本地居民服务，香港是国际金融中心，两个城市之间是没有矛盾的。今后即使让香港和上海进行竞争，也不是坏事。

未来香港哪个行业最有前景，现在可能看不到。虽然具体的行业看不到，但是有一点可以肯定的是，香港可以做创新的中心。

香港是人才聚集的地方，尤其是国际性人才聚集的地方。我在中环工作了二三十年，发现中环的人才质量跟 20 世纪 80 年代相比可以说提高了很多倍。香港的金融业是不缺乏人才的，如果有需要的话，可以向全球招聘。从人才、资讯、制度、法制来说，香港是非常理想的创新中心，未来可以发展成怎样，我寄希望于年轻的一代，希望他们能依托香港好的条件，为自己的未来有所作为。

香港发展要依靠人才机制的创新

嘉宾主持刘宁荣：你们都点到了香港在中国经济的大环境下，哪些方面有独特的定位和竞争优势，经常提到的就是创新，无论是科技创新、人才创新还是服务创新。

你们提到了服务业的开放，如何成为中国内地食品安全的基地，也提到了粤港澳自贸区的问题。谈到香港的发展，五位嘉宾认为香港目前的地位暂时不可动摇，原因就是法制、信息和资讯、资金、人才的开放。中国过去三十多年改革开放的过程中，香港一直是北望的。中国内地有巨大的优势，市场非常大，企业多，但也要走出中国，才可以在全球发展得更好。由于过去香港一直北望，所以缺少欧美关系的人才，缺少嫁接内地和国际市场的人才。

关家明：首先我不太同意你的讲法，香港并不是非常稳操胜券，这样的想法是不能有的。从开放和改革来说，香港有很多的不足。在开放程度上，香港比内地好，但是香港的服务业也并不是非常开放。

香港的国际化在某些方面相对不错，但并不是全面的国际化。香港的文化和语言还是非常中国化、广东化的，因此我们要注意。

相对来说，在全球不同的经济体中，香港市场的自由度、发育的程度、对经济的渗透度都非常高。但也还有一些方面是不够的，比如现在香港具有优势的地方，政府的管制是很多的，包括医疗、教育、房屋等三个方面。香港本可以利用这些优势吸引内地人来这里消费，这从某种意义来说就是出口。但是现在的状况是我们拒客于门外，因为我们的市场和政府之间的关系搞得不太好，今后还得不断发展。

刘红㖞：前面几位嘉宾都强调香港人才的自由进出、资讯的自由进出以及资金的自由进出，这是内地众多的城市，包括上海都是短期内无法达到的。

随着人民币资本账户的开放，人民币的自由兑换包括利率自由化将会在2015年到2017年实现。如果这一进程可以实现的话，部分的金融机构，无论是中资还是外资的银行机构，会将部分的人力资源或者是总部搬到上海去，这就会对香港构成部分的挑战，因此香港要开始思考自己的功能和定位。前几十年国有企业改制上市，在香港发行蓝筹股，带动了香港经济爆发式的发展。刚才提到了香港会成为亚太区重要的资产管理中心，我认为这也是一种爆发式的增长机会。

嘉宾主持刘宁荣：在中国改革开放的初期，香港是资金的基地。如今中国处在改革开放的中期，香港在人才方面可以做些什么？

冯孝忠：人才问题实际上就是教育问题，香港在教育问题上处理得并不是很好。金融人才是流动性的，如果上海能提供很好的条件，即使市场发展得不如香港，但是政策使金融人才能赚到钱的话，他们也会转移，香港的金融中心在未来是否重要就不知道了。

这两年瑞士的私人银行来香港开了很多的资产管理中心，内地很多的企业家也有走出来的要求，包括资产的管理、收购合并，等等。目前这种情况并不是大规模的，只是派一些专才过来。过去中环有很多人讲普通话，但是我发现现在我住的地方外国人也越来越多，这意味着本地学生的机会越来越少。

20世纪80年代我们的企业以外资为主，老板也是外国人，但是我们没有培训香港本地的人才。培训本地的人才，才是长远发展的关键。短期来说，香港的发展不是问题，只要我们能创造赚钱的机会，还是会吸引很多的专业人才过来。但长期来说，我们还是得要培养更多欧美关系方面的人才。

谢国樑：关于人才问题，我认为香港存在深层次的结构性问题。目前香港本地花了大量的金钱在教育方面，但是培养出来的人才跟目前的产业转型和各行各业的需要有所脱节。

最大的问题在于教学和语言，香港的人才教育在中小学方面出现问题了。我们号称自己是国际都市，但是却用方言作为母语教学。国际化的学校，却讲不了地道的大国的语言。金融机构和用人单位已经感觉到了语言问题的严重性。

香港在本地培养的人才有一些结构性的问题，但是香港在使用人才方面，尤其是人才招聘方面是没有问题的。除了少数的专业，如法律、会计等需要持牌的专业，各行各业的人才还是开放的。

过去金融业在《南华晚报》发布招聘信息，现在则是通过网络来招聘，应聘者来自于世界各地。因此从用人的角度来说，不存在人才问题。

香港除了服务内地外，更多的还要培养服务于东南亚以及全球的人才。香港要有长期的忧患意识，提供长效的机制，从而吸引全球顶尖的人才。

冯孝忠：我认为香港所需求的顶尖人才是可以从国际上吸引和招聘的，但是后台和中间人才是需要本地培养的。顶尖的人才有钱就可以请得到，但就整体而言，基础的人才是非常紧张的，需要教育配合。

今日香港可以为内地改革提供哪些借鉴

嘉宾主持刘宁荣：中国在十八届三中全会之后，碰到了一些改革的问题亟待解决。香港在 20 世纪 70 年代之前的发展中曾经受制于香港门户的关闭，而在 70 年代之后又受惠于香港门户的开放。在进一步的改革之后，尤其是十八届三中全会提到全面深化改革之后，香港在哪些方面，可以为中国内地的发展提供帮助，同时使香港本身受惠？

关家明：中国的改革是方方面面的，简单来说，过去的三十多年基本上是工业化将产业和国际接轨的模式，而往后的三十年则将是全面的发展，尤其着重在服务业跟全球经济的结合上。香港从走进去，变成了走出去。不仅仅是外部的资源到内地去，内地的资源也要到外部去。香港在过去帮助内地走进去，无论是货物还是资源方面，现在则是帮助中国往外部走，尤其是人民币国际化。

谢国樑：我对十八届三中全会简单的想法是，对外开放和企业走出去的过程中，香港是有利用价值的。香港目前有着全球数一数二的营商环境，是三大国际金融中心之一，各项指标都名列在全球最前茅，香港可以帮助国际了解中国和进入中国。

内地改革对内的部分——行政体制改革，涉及政府和市场关系的改革，香港在这些方面可以说是目前全球做得最好的城市，可以给内地提供借鉴的价值。来到香港住过几年的人，离开香港的时候，最怀念香港生活的便利性，这意味着香港的城市管理运作得非常好，这是今天内地最缺少的内容。未来香港有哪些借鉴的作用，需要深入的研究。但是在社会管理方面，内地可以借鉴香港的经验。除了帮助内地外，香港本身也可以获得更多的发展机会。

庄太量：香港做回自己就可以了，我们跟中国内地有很大的不同，对内地而言这就是香港存在的价值。

冯孝忠：香港为民营企业提供的金融服务是非常棒的。十八届三中全会提出要辅助民营企业，虽然目前内地的银行对国有企业还是有所倾斜的，但随着地方政策、法规、税收的改革，对民营企业的管制会放松。香港的华资银行一直是跟香港的民营企业家挂钩的，在未来的

10～15 年中国要辅助民营企业的话，香港经验就可以供内地借鉴。

刘红卲：我们曾经听过李锦记的案例，它虽然没有上市，但是企业的治理水平非常令人吃惊，完全是按照上市公司的模式进行的，甚至比上市公司的治理结构还要好。香港还有很多优秀的公司，包括恒生银行。中国要建立消费银行和零售银行的话，这些经验都值得借鉴。同时，中国即将到来的国有企业改革，包括并购重组，可以为香港大型的财团和金融机构提供很好的掘金机会。

中国在公共产品的去管制化和定价方面存在大量的机会，包括水、电、气都有很大的市场空间，但民营企业目前能运营的空间很小，几乎全都被国有企业所垄断。未来这些市场空间的释放，会为香港很多的企业提供众多的机会。

嘉宾主持刘宁荣：过去三十多年的改革过程中，香港扮演了非常重要的角色，将海外的资金、企业、投资带到中国内地。未来香港能不能帮助内地的企业走向世界，这对香港而言也是一个机会。

香港曾经是东方之珠，将来是否会成为巨龙之眼，帮助中国这艘大船在未来走得更远，走得更好，值得人们期待。

图书在版编目(CIP)数据

重建改革逻辑:顶尖经济学家建言中国经济未来 / 网易财经中心编. —北京:红旗出版社,2014.8

ISBN 978-7-5051-3181-1

Ⅰ.①重… Ⅱ.①网… Ⅲ.①中国经济-经济体制改革-研究 Ⅳ.①F121

中国版本图书馆CIP数据核字(2014)第174558号

书　名　**重建改革逻辑——顶尖经济学家建言中国经济未来**
编　者　网易财经中心

出品人　高海浩　　封面设计　红杉林文化
总监制　徐　澜　　责任编辑　陈文君

出版发行　红旗出版社
地　址　(南方中心)杭州市体育场路178号
邮　编　310039　　编辑部　0571-85310806
E-mail　hongqi1608@126.com　　发行部　(北京)010-64036925
(杭州)0571-85311330
欢迎项目合作　项目电话　(北京)010-84026619
(杭州)0571-85310806
图文排版　杭州兴邦电子印务有限公司
印　刷　杭州钱江彩色印务有限公司

开　本　710毫米×1000毫米　1/16
字　数　146千字　　印　张　11.75
版　次　2014年8月北京第1版　　2014年8月浙江第1次印刷

书　号　ISBN 978-7-5051-3181-1　　定　价　38.00元